Inhalt

Start in den Tag: Kaffee am Rathaus

Der perfekte Tag

Augsburg für Kurzbesucher

Wer nur für ein Wochenende oder einen Tag in Augsburg ist, bekommt bei einem Spaziergang entlang der Maximilianstraße (S. 19) einen guten ersten Eindruck von der Stadt. Zu Beginn bietet sich eine Besteigung des Perlachturms an, der zusammen mit dem Rathaus (S. 54) das Augsburger Wahrzeichen bildet. Ein Aufstieg lohnt sich besonders, wenn die gelbe Fahne weht: Dann herrscht Föhn und man kann bis zu den Alpen sehen.

Wie Perlen einer Kette zieren die Prachtbrunnen mit Augustus, Merkur und Herkules die Flaniermeile vom Rathaus bis zur Basilika St. Ulrich und Afra. Zusammen mit den zahlreichen Lechkanälen und dem Wasserwerk am Roten Tor machen diese Brunnen (S. 68) Augsburg zu einer „Wasserstadt". Südöstlich der Basilika liegen die grünen Anlagen beim Roten Tor. Hier befindet sich auch die

Blick vom Perlach

Damenhof

Puppenkiste mit Museum (S. 80). Richtig austoben können sich kleine Besucher auf dem Lummerlandspielplatz in den Wallanlagen, während „die Großen" im Kräutergarten die Seele baumeln lassen können (S. 88/89). Anschließend empfiehlt sich ein Bummel durch die Gassen der Altstadt Richtung Fuggerei (S. 50). Die älteste Sozialsiedlung der Welt ist Augsburgs meist besuchte Sehenswürdigkeit.

Ausklingen lassen können Shoppingfans ihren Tag in der City-Galerie (S. 144) oder in den Geschäften in der Innenstadt. Wer es ruhiger angehen möchte, lässt sich bei der Kahnfahrt (S. 97) im Ruder- oder Tretboot gemütlich auf dem Stadtgraben treiben oder genießt direkt am Wasser ein kühles Bier. Für eine Pause bieten sich auch malerische Innenhöfe an, wie etwa der Rokokogarten des Schaezlerpalais (S. 74) oder der Damenhof in den Fuggerhäusern (S. 52).

Am ersten Sonntag im Monat kostet der Eintritt in die städtischen Museen nur je 1€! Besonders interessant: das tim (S. 77) und das Maximilianmuseum (S. 78)!

Bischofsstadt
um 800
Die Stadt wird nun von Bischöfen
regiert. Die Legende von Bischof
Simpert berichtet, dass er
einem Wolf ein geraubtes Kind
955
In der Schlacht auf dem Lechfeld
werden die Ungarn von Bischof
Ulrich und König Otto I. besiegt.
Ulrich soll ohne Waffen, nur mit
einem Kreuz in der Hand, unver-
sehrt geblieben sein. 993 wird er
heilig gesprochen und ist eben-
falls Schutzpatron Augsburgs.
um 1000
um 1276

Stadtgeschichte

Augsburg wurde vor über 2000 Jahren gegründet und gehört damit zu den ältesten Städten Deutschlands. Von den Römern bis zu Brecht, von den Fuggern bis zur Puppenkiste – Spuren der Geschichte finden sich überall in der Stadt.

Die drei Stadtheiligen Simpert, Ulrich und Afra am Brunnen vor dem Dom

Von den Römern zu den Fuggern

Augsburgs Geschichte beginnt mit dem Jahr 15 v. Chr., als auf Befehl von Kaiser Augustus an Lech und Wertach ein römisches Heerlager errichtet wurde. Es trug den Namen Augusta Vindelicum, nach dem Kaiser und dem in der Region ansässigen Keltenstamm der Vindeliker. Im Laufe der Zeit wurde daraus „Augsburg".

Augusta Vindelicum wurde Hauptstadt der Provinz Raetien und eine der größten römischen Siedlungen nördlich der Alpen. Grund dafür war nicht zuletzt die günstige Lage an der Kreuzung zweier alter Fernstraßen. Eine davon wurde später von den Römern zur Via Claudia Augusta ausgebaut, die von Venedig bis zur Donau führte. Deren Verlauf lässt sich heute noch nachvollziehen – entlang der Maximilianstraße und vorbei an Rathaus und Dom.

Nachdem um 500 die Römer von den Alemannen vertrieben wurden, blieb die Stadt christlich und wurde von einem Bischof regiert. Der bekannteste war Ulrich (890 – 973). Zusammen mit Afra (gest. 304, S. 58) und Bischof Simpert (ca. 750 – 807, S. 58) gehört er zu den drei Stadtheiligen Augsburgs. Bischof Ulrich ließ Augsburg befestigen und trug entscheidend zum Sieg Kaiser Ottos I. in der Schlacht auf dem Lechfeld bei, die 955 den Einfällen der Ungarn in Mitteleuropa ein Ende setzte. Mit Unterstützung von Ottos Witwe, Kaiserin Adelheid, begann 996 der Bau des Doms, der noch heute zu bewundern ist. Erst Jahrhunderte später, nämlich 1431, wurde der gotische Ostchor fertiggestellt.

1276 war Augsburg von einer Bischofsstadt zu einer Freien Reichsstadt geworden. Das bedeutete, dass die Stadt unmittelbar dem Kaiser des Heiligen Römischen Reiches unterstellt war. Noch im selben Jahr bekamen die Bürger ihr eigenes Stadtrecht und trotzten nach und nach dem Bischof die Vorherrschaft über Augsburg ab. 1276 wurden auch zum ersten Mal vier Lechkanäle urkundlich erwähnt, der Kern der ausgeklügelten Wasserversorgung der Stadt: Über die Kanäle erhielten Handwerksbetriebe Brauchwasser als Antriebsenergie, die Stadtbäche führten das Trinkwasser für die Bevölkerung. Im 15. Jh. entstand zusätzlich das damals hochmoderne Wasserwerk am Roten Tor. Doch das war nicht die einzige Entwicklung zu jener Zeit, die Augsburg und die Welt bewegte.

Noch immer verbanden die alten Römerstraßen Augsburg mit Italien. Als Schnittstelle zwischen Norden und Süden wuchs die Stadt zu einem, wenn nicht zu *dem* Zentrum des Handels in Europa heran. Dieser fulminante Aufstieg Augsburgs ist vor allem mit zwei Namen verbunden: Welser und Fugger. Beide Kaufmannsfamilien bauten im 15. und 16. Jh. weltumspannende Handelsunternehmen auf. Jakob Fugger (1459 – 1525), der unter dem vielsagenden Beinamen „der Reiche" in die Geschichte einging, wird oft als der Prototyp des modernen Unternehmer gesehen. Er verwandelte ein mäßig erfolgreiches Handelsunternehmen in einen „Weltkonzern" mit einem Netz von Firmenniederlassungen und wurde zum Bankier der Kaiser und Päpste. Indem er die Habsburger Kaiser Maximilian I. und Karl V. finanziell unterstützte, stärkte er sowohl seine eigene politische Stellung als auch die Augsburgs. Zwar fanden schon seit dem 12. Jh. Reichstage in Augsburg statt, aber nie waren sie so bedeutend wie zu jener Zeit. Weltberühmt ist der Name Jakob Fugger aber nicht nur wegen seines Reichtums; 1521 stiftete er mit der Fuggerei die erste Sozialsiedlung der Welt.

Friedensstadt und Augsburger Pracht

Das Augsburg der Fuggerzeit war zudem eine bedeutende Druckerstadt, besonders für Bücher in der Volkssprache. Auch Martin Luther ließ hier drucken. Im Oktober 1518 kam er persönlich nach Augsburg, denn er musste ausgerechnet im Palais des von ihm stark kritisierten Jakob Fugger zum Verhör durch Kardinal Cajetan erscheinen. Luther weigerte sich jedoch, seine kritischen Thesen zu widerrufen, und floh aus der Stadt.

Die Reformation fand fruchtbaren Boden in Augsburg. Während des Reichstags von 1530 wurde im heutigen Fronhof das „Augsburger Bekenntnis" verlesen, das immer noch als Grundlage der evangelischen Kirchen gilt. Im Augsburger Frieden von 1555 wurde eine Gleichstellung beider Konfessionen festgelegt. Doch erst mit dem Westfälischen Frieden, der 1648 den Dreißigjährigen Krieg beendete, hielt die Parität endgültig Einzug in die Reichsstadt; alle Ämter mussten nun sowohl mit einem Katholiken als auch mit einem Protestanten besetzt werden. Die Augsburger Protestanten feierten ihre Glaubensfreiheit am 8. August 1650 mit dem ersten Hohen Friedensfest und bescherten der Stadt damit ihren eigenen, heute gesetzlichen Feiertag.

Aber auch anderweitig hinterließ das 17. Jh. seine Spuren in der Stadt. Der 1573 in Augsburg geborene Stadtbaumeister Elias Holl errichtete mit Rathaus und Perlachturm das heutige Wahrzeichen der Stadt und begründete den Stil der deutschen Renaissance. Mit der Gestaltung vieler weiterer bedeutender Gebäude verlieh er Augsburg ein unverwechselbares Gesicht. Holls Bauten waren Ausdruck der sprichwörtlich gewordenen „Augsburger Pracht", die zu diesem Zeitpunkt ihren Zenit allerdings schon überschritten hatte. Im Goldenen Saal des neuen Rathauses fand kein Reichstag mehr statt, obwohl er eigens für diesen Zweck gebaut worden war. Trotzdem blieb Augsburg weiterhin eine renommierte Druckerstadt und die Arbeiten seiner Gold- und Silberschmiede waren überall begehrt. Berühmten Besuch bekam die Stadt im Jahr 1777, als sich Wolfgang Amadeus Mozart in der Geburtsstadt seines Vaters Leopold einfand. Das „Wunderkind" hatte in dieser Zeit eine lebhafte Liebelei mit seiner Cousine Maria Anna Thekla Mozart, dem „Augsburger Bäsle".

Industrielle und literarische Revolution

Das 18. Jh. sah den Aufstieg Augsburgs zur Textilstadt. Nicht zuletzt wegen der exzellenten Wasserversorgung war die Fuggerstadt federführend bei der frühen kontinentalen Industrialisierung. 1771 nahm am Roten Tor mit der Schüleschen Kattunmanufaktur die erste Fabrik auf dem europäischen Festland ihren Betrieb auf. Mitte des 19. Jh. entstanden im Osten der Stadt, dem sogenannten Textilviertel, zahlreiche Fabrikniederlassungen und repräsentative

Die Bauten von Elias Holl (hier das Zeughaus) prägen das Gesicht der Stadt.

In Augsburg entwickelte Rudolf Diesel den nach ihm benannten Motor. Den Versuchsmotor und viele weitere Stücke zeigt das MAN-Museum (Eintritt kostenlos, aber nur nach Anmeldung unter 08 21/3 22 33 66).

„Industriepaläste". Auch der Maschinenbau gewann an Bedeutung, nicht zuletzt durch die Firma MAN, gegründet als Maschinenfabrik Augsburg. Dort entwickelte Rudolf Diesel ab 1893 den Dieselmotor.

Doch nicht nur die Industrielle Revolution hatte Augsburg verändert: 1805 verlor die schwäbische Stadt im Zuge der Napoleonischen Kriege ihre Reichsfreiheit. Von da an gehörte sie zum Königreich Bayern. Etwa hundert Jahre später wurden sechs Vororte nach Augsburg eingemeindet und die Einwohnerzahl knackte die 150 000-Marke. Zum Vergleich: 1806 lebten nur 26 000 Menschen in der ehemaligen Reichsstadt; zur Fuggerzeit war Augsburg mit 30 000 Einwohnern eine der größten Städte des Heiligen Römischen Reiches.

In das spätindustrielle Augsburg wurde 1898 Bertolt Brecht geboren, einer der meist gespielten Dramatiker überhaupt. Der Freidenker und „Theaterrevolutionär" war im konservativen Augsburg als „Bürgerschreck" verschrien. Heute hat sich die Stadt jedoch mit ihrem berühmten „Problemkind" ausgesöhnt und veranstaltet ihm zu Ehren jährlich das Brechfestival.

Augsburg unter dem Nationalsozialismus

Nach der Machtübernahme durch die Nationalsozialisten 1933 wurde Augsburg zur Hauptstadt des „Gaus Schwaben". Bei der Reichstagswahl im März hatte die NSDAP nicht mehr als ein Drittel der Stimmen erreicht, doch als Adolf Hitler im Mai 1939 Augsburg besuchte, wurde er frenetisch gefeiert. Ein halbes Jahr zuvor, während der Novemberprogrome, stand am frühen Morgen des 10. November die Augsburger Synagoge in Flammen; erst 1985 konnte das beeindruckende Gebäude aus der Jugendstilzeit wiedereröffnet werden. Über 500 Augsburger Juden emigrierten vor Kriegsbeginn, fast ebenso viele wurden deportiert.

In Augsburg und Umgebung befanden sich mehrere Arbeitslager des KZ Dachau. Mit MAN und der Flugzeugfabrik Messerschmitt war die Stadt außerdem ein bedeutender Rüstungsstandort und wurde deshalb im Zweiten Weltkrieg stark bombardiert. Verheerend war der Großluftangriff in der Nacht vom 25. auf den 26. Februar 1944. 730 Menschen verloren ihr Leben, 85 000 wurden obdachlos und große Teile der historischen Innenstadt wurden zerstört. Der Krieg endete für Augsburg mit dem Einzug der US-Armee, der die Stadt ohne Widerstand übergeben wurde.

Puppenkiste, grüne Stadt und bunte Vielfalt

Bezeichnend für die Aufbruchsstimmung der Nachkriegszeit ist die Geschichte des berühmtesten Theaters der Stadt: der Augsburger Puppenkiste. Die von Rose und Walter Oehmichen gegründete Marionettenbühne feierte am 26. Februar 1948 Premiere, nachdem ihr Vorgänger, der „Puppenschrein", in der Bombennacht von 1944 ein Opfer der Flammen geworden war.

Die Entwicklung Augsburgs blieb nicht stehen. Heute ist es nicht nur eine der grünsten und nachhaltigsten Städte Deutschlands, sondern ist zu einem Standort für modernste Umwelttechnologie geworden. 1970 wurde die erste Universität in 2000 Jahren Stadtgeschichte gegründet, schon 1971 folgte die heutige Hochschule für Angewandte Wissenschaften. Die Studenten haben das Stadtbild verändert, aber sie waren nicht die Einzigen. Geprägt wird Augsburg heute von seiner vielkulturellen Bevölkerung; jeder vierte Augsburger hat Migrationshintergrund, und diese vielen unterschiedlichen Einflüsse sind in der Stadt spür- und sichtbar. Gerade in den letzten 20 Jahren hat Augsburg ein modernes, urbanes Flair entwickelt. Geschichte und Gegenwart machen die Fuggerstadt zu einem Ort, den es sich zu entdecken lohnt.

Spaziergänge

„Nur wo du zu Fuß warst, bist du auch wirklich gewesen“ – das wusste schon Goethe. Und natürlich hat er Recht: Am besten erkundet man Augsburgs schönste Ecken bei gemütlichen Spaziergängen. Wir stellen fünf verschiedene Routen zu den wichtigsten Sehenswürdigkeiten vor.

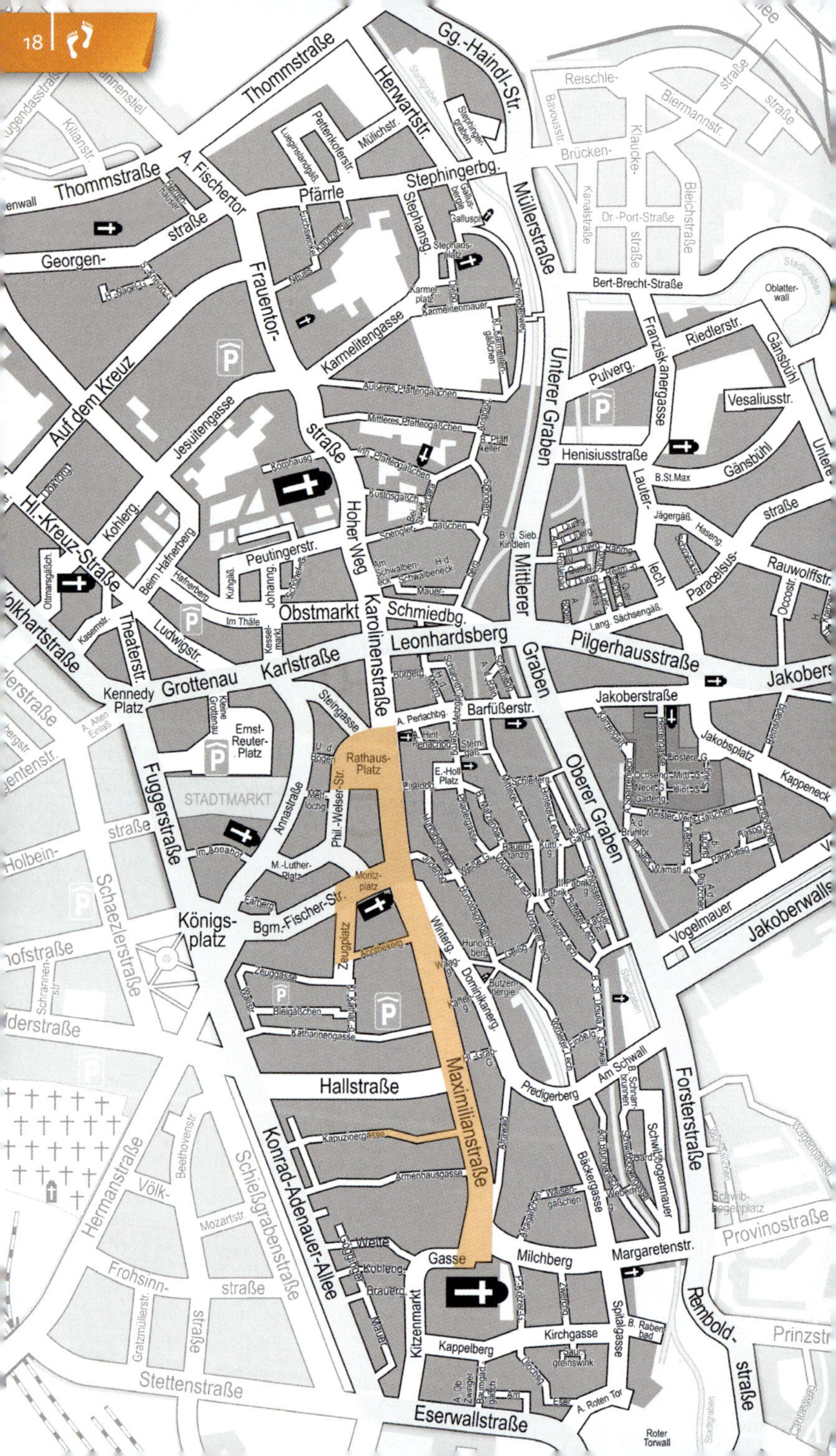
Gg.-Haindl-Str.
Thommstraße
Herwartstr.
Mülichstr.
Pettenkoferstr.
Stephingergraben
Reischle-
Biermannstr.
Bavariastr.
Brücken-
Klaucke-
Thommstraße
A. Fischertor
Pfärrle
Stephingerbg.
Gallusberg
Gallusplatz
Müllerstraße
Kanalstraße
Dr.-Port-Straße
Bleichstraße
Georgen-
straße
Stephansg.
Stephansplatz
Bert-Brecht-Straße
Oblatterwall
Frauentor-
Karmelitengasse
Karmelplatz
Karmelitenmauer
Schwedenweg
Franziskanergasse
Riedlerstr.
Gänsbühl
Pulverg.
Vesaliusstr.
Auf dem Kreuz
Äußeres Pfaffengäßchen
Mittleres Pfaffengäßchen
Unterer Graben
Jesuitengasse
straße
Henisiusstraße
Lauter-
Gänsbühl
Kornhausg.
B.St.Max
Jägergäß.
Haseng.
straße
Doktorg.
Kohlerg.
Hl.-Kreuz-Straße
Hoher Weg
Kustosgäßchen
Spengler-
gäßchen
B. d. Sieb. Kindlein
Mittlerer
Rauwolffstr.
Beim Hafnerberg
Peutingerstr.
Am Schwalbeneck
H. d. Schwalbeneck
Mauer
lech
Paracelsus-
Occostr.
Volkhartstraße
Kasernstr.
Theaterstr.
Hafnerberg
Kungaß.
Johanng.
Obstmarkt
Karolinenstraße
Schmiedbg.
Lang. Sächsengäß.
Ludwigstr.
Im Thäle
Kesselmarkt
Leonhardsberg
Pilgerhausstraße
Jakoberstr.
Kennedy Platz
Grottenau
Karlstraße
Graben
Jakoberstraße
Kleine Grottenau
Steingasse
Burgerg.
A. Perlachbg.
Barfüßerstr.
A. Alten Einlaß
Ernst-Reuter-Platz
U. d. Bögen
Rathaus-Platz
A. Hint. Perlachbg.
Sterng.
Jakobsplatz
Oberer Graben
Kappeneck
Fuggerstraße
STADTMARKT
Metzg
Phil.-Welser-Str.
Eisenbg.
E.-Holl-Platz
Annastraße
Schleifer.
Ochseng.
Meister-Veits-Gäßchen
straße
Im Annahof
Holbein-
M.-Luther-Platz
Moritz-platz
Weite G.
Paradiesg.
Schaezlerstraße
Färberg.
Bgm.-Fischer-Str.
Vogelmauer
Jakoberwallstraße
Königsplatz
Zeugplatz
Apothekerg.
Winterg.
Hunoldsberg
Dominikanerg.
Zeuggasse
Bleigäßchen
Katharinengasse
Butzenbergle
B. St. Ursula
Schwall
Am Schwall
Forsterstraße
Hallstraße
Maximilianstraße
Predigerberg
Kapuzinergasse
Armenhausgasse
Bäckergasse
Schwibbogenmauer
Schwibbogenplatz
Provinostraße
Hermanstraße
Völk-
Beethovenstr.
Mozartstr.
Schießgrabenstraße
Konrad-Adenauer-Allee
Weite
Kobelg.
Bräuerg.
Gasse
Milchberg
Margaretenstr.
Frohsinn-
straße
straße
Gratzmüllerstr.
Kitzenmarkt
Spitalgasse
B. Rabenbad
Kirchgasse
Kappelberg
Rembold-
straße
Prinzstr.
Stettenstraße
Eserwallstraße
A. Roten Tor
Roter Torwall

Die Maxstraße

Augsburgs Prachtmeile

Will der Augsburger sich weltstädtisch fühlen, geht er auf der Maxstraße flanieren oder er lässt sich in einem der zahlreichen Straßencafés nieder und alle Welt an sich vorüberziehen. Schon in der Antike existierte die heutige „Prachtmeile" als Teil der Römerstraße Via Claudia Augusta, im Mittelalter verband sie den Dom mit dem Grab der Heiligen Afra und im 16. Jahrhundert wurde sie zum Sitz der wohlhabenden Oberschicht. Noch heute findet man hier prächtige Patrizierhäuser mit wunderschönen Innenhöfen.

ca. 45 Minuten ab Rathaus

Rathaus mit Perlach – Weberhaus – Moritzkirche – Maxstraße – Fuggerhäuser – Damenhof – Schaezlerpalais – Kathanhaus – Ulrichskirchen

Augsburgs Wahrzeichen: Rathaus und Perlachturm

Wir beginnen unseren Spaziergang auf dem Rathausplatz. Mit dem imposanten Rathaus (Bauzeit 1615 – 1624) verlieh Stadtbaumeister Elias Holl dem Selbstbewusstsein der reichen Handelsstadt Ausdruck und prägte den Stil der deutschen Renaissance (S. 54 – 55). Kernstück ist der prunkvolle Goldene Saal, den kein Besucher der Stadt auslassen sollte, ebenso wenig wie eine Besteigung des schlanken Perlachturms. Von hier aus hat man den schönsten Blick über die Dächer der Stadt.

Am Rathausplatz finden wir auch den Augustusbrunnen, den größten der drei Augsburger Prachtbrunnen (S. 68 – 69). Unser Weg führt nun auf die eigentliche Maximilianstraße und am traditionsreichen Kaffeehaus Dichtl vorbei zum Merkurbrunnen. Das farbenprächtige Weberhaus gleich nebenan zieht unseren Blick auf sich. Nach der Zerstörung im Zweiten Weltkrieg wurde es mit modernen Fresken neu gestaltet, die die bewegte Geschichte der Weber in der Stadt Augsburg erzählen.

Merkurbrunnen und Weberhaus am Moritzplatz

Prunkvoller Spiegelsaal im Schaezlerpalais

Wir spazieren nach rechts, an der innen sehenswerten Moritzkirche vorbei (S. 62), und dann nach der Straßenbahnhaltestelle links auf den Zeugplatz. Er wird flankiert von dem von Elias Holl gestalteten Zeughaus (S. 13, 84) samt lauschigem Biergarten und den Fuggerhäusern (S. 52), die wir sozusagen durch die Hintertür betreten. Durch ein hohes, mit dem Fuggerwappen geschmücktes Tor gelangen wir in den Reiterhof, das Herz der einstigen Firmenzentrale. Weiter geht es in den kleinen Zofen- und scharf links in den etwas versteckt gelegenen Damenhof (S. 52), einen der schönsten Innenhöfe Deutschlands. Wo einst die Damen Fugger lustwandelten, befindet sich heute ein stilvolles Café. Ein weiteres Tor bringt uns wieder auf die Maxstraße. Sollten die Tore geschlossen sein, gelangt man links an den Fuggerhäusern vorbei durch das Apothekergäßchen zurück auf die Prachtmeile.

Auf der rechten Straßenseite schlendern wir nun weiter zum Schaezlerpalais (S. 74) mit seinem wunderschönen Spiegelsaal und einem idyllischen Rokokogarten. Direkt gegenüber befindet sich der Herkulesbrunnen. Hier wechseln wir die Straßenseite, um den uneingeschränkten Blick auf die Basilika St. Ulrich und Afra (S. 58), Evangelisch St. Ulrich und die prächtigen Fassaden der Patrizierhäuser zu genießen. Nach einem Besuch der Doppelkirche machen wir kehrt und gehen auf der linken Straßenseite zum Moritzplatz zurück. Denn nur, wer die Maxstraße in beide Richtungen kennt, hat Augsburgs Prachtmeile wirklich gesehen! Es empfiehlt sich übrigens ein kleiner Abstecher nach links in die Kapuzinergasse, um einen Blick auf das im Rokokostil bemalte Kathanhaus (Nr. 10), das Wohnhaus von Elias Holl (Nr. 16) und das malerische Altstadthotel (Nr. 6) zu werfen.

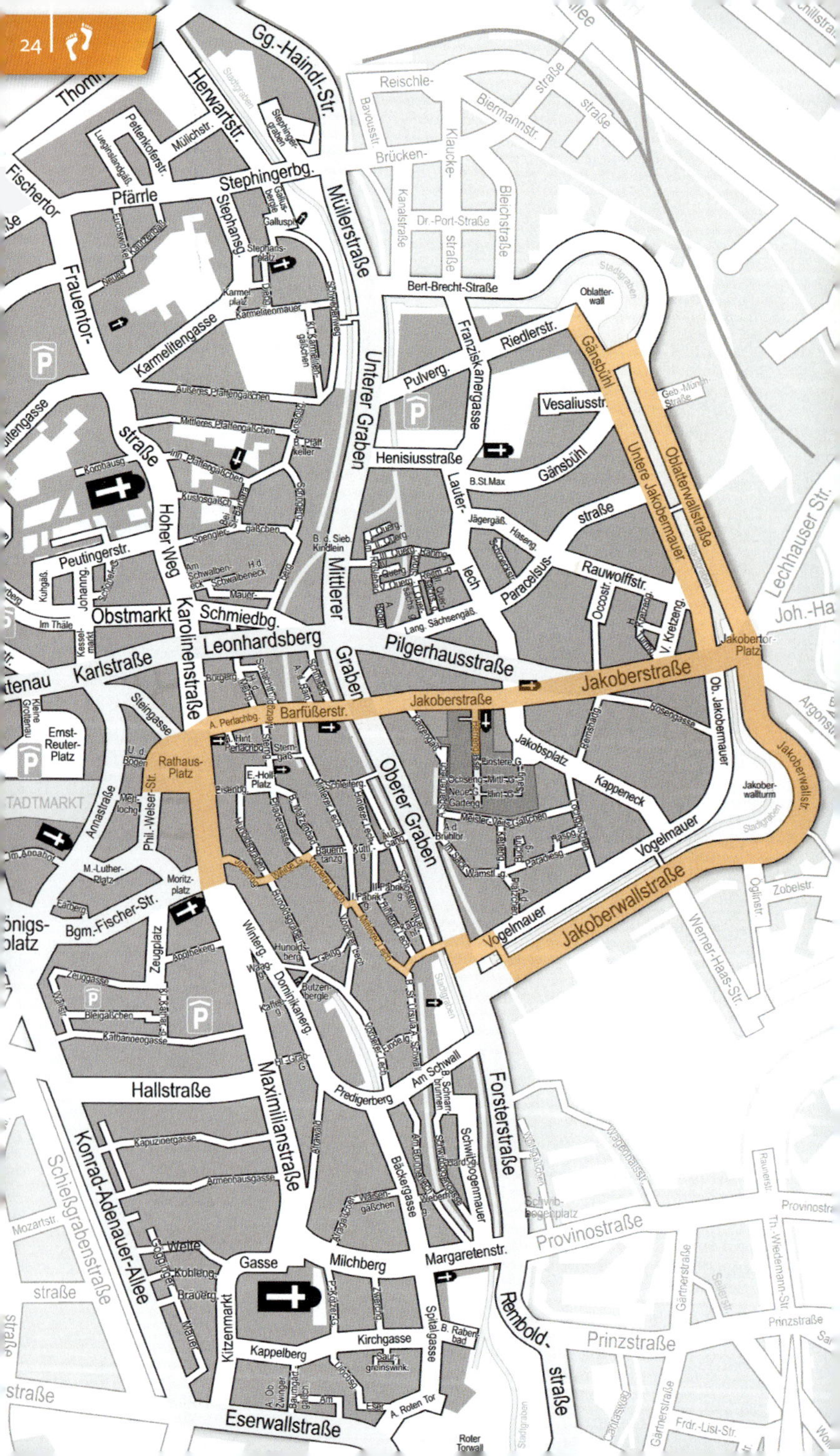
Gg.-Haindl-Str.
Herwartstr.
Thom
Reischle-
Biermannstr.
straße
Bavoussstr.
Klaucke-
Brücken-
Mülichstr.
Pettenkoferstr.
Fischertor
Pfärrle
Stephingerbg.
Müllerstraße
Stephansg.
Kanalstraße
Dr.-Port-Straße
straße
Bleichstraße
Frauentor-
Bert-Brecht-Straße
Oblatterwall
Stadtgraben
Karmelitengasse
Franziskanergasse
Riedlerstr.
Pulverg.
Unterer Graben
Gänsbühl
Vesaliusstr.
Äußeres Pfaffengäßchen
Mittleres Pfaffengäßchen
straße
Henisiusstraße
Lauter-
B.St.Max
Gänsbühl
Untere Jakobermauer
Oblatterwallstraße
Kornhausg.
Hoher Weg
Jägergäß.
straße
Peutingerstr.
Mittlerer
lech
Paracelsus-
Rauwolffstr.
Lechhauser Str.
Obstmarkt
Karolinenstraße
Schmiedbg.
Lang. Sächsengäß.
Occostr.
V. Kretzeng.
Joh.-Ha
Im Thäle
Leonhardsberg
Pilgerhausstraße
Jakobertor-Platz
Karlstraße
Graben
Jakoberstraße
Steingasse
Barfüßerstr.
Jakoberstraße
Ob. Jakobermauer
Argonstr.
Ernst-Reuter-Platz
Rathaus-Platz
Jakobsplatz
Rosengasse
Kappeneck
Jakoberwallstr.
Oberer Graben
Jakoberwallturm
Annastraße
Phil.-Welser-Str.
Vogelmauer
Stadtgraben
M.-Luther-Platz
Moritz-platz
Jakoberwallstraße
Öglinstr.
Zobelstr.
Bgm.-Fischer-Str.
Vogelmauer
Werner-Haas-Str.
Zeugplatz
Winterg.
Dominikanerg.
Zeuggasse
Bleigäßchen
Katharinengasse
Hallstraße
Predigerberg
Am Schwall
Maximilianstraße
Forsterstraße
Kapuzinergasse
Armenhausgasse
Konrad-Adenauer-Allee
Schießgrabenstraße
Bäckergasse
Schwibbogenmauer
Mozartstr.
Provinostraße
Provinostr.
Th.-Wiedemann-Str.
Gasse
Milchberg
Margaretenstr.
Kitzenmarkt
Kirchgasse
Spitalgasse
Rembold-straße
Prinzstraße
Prinzstraße
Kappelberg
Eserwallstraße
A. Roten Tor
Roter Torwall
Frdr.-List-Str.
straße

Jakobervorstadt und Lechviertel

Von Brecht zur Fuggerei

War die Maxstraße in der Renaissance die Heimat der Crème-de-la-Crème, so lebten in der sogenannten Jakobervorstadt hinter dem Rathaus die einfachen Leute. Doch gerade hier hat die Geschichte interessante Spuren hinterlassen: Fuggerei, Brechthaus und viele weitere Sehenswürdigkeiten warten auf uns. Für diesen etwas ausgedehnteren Spaziergang sollte man etwas mehr Zeit und eine Pause einplanen.

ca. 75 Minuten ab Rathaus

Rathaus – Stadtmetzg – Kresslesmühle – Barfüßerkirche – Brechthaus – Fuggerei – Jakobertor – Kahnfahrt – Fünffingerlesturm – Vogeltor – City-Galerie – Rathausplatz

Stadtmetzg

Jakobertor

In die Jakobervorstandt gelangen wir vom Rathausplatz aus über den Perlachberg, links am Perlachturm die Straße hinunter. Am Metzgplatz begrüßt uns ein reizvolles Gebäude-Ensemble: Rechts befindet sich die Kresslesmühle (S. 121), die schon im 13. Jahrhundert im Stadtbuch erwähnt wurde und seit den 1970er-Jahren eine der renommiertesten multikulturellen Bühnen Deutschlands beheimatet. Gegenüber liegt die Stadtmetzg (1606/09), das ehemalige Zunft- und Verkaufshaus der Augsburger Metzger. Es wurde von Stadtbaumeister Elias Holl so entworfen, dass der unter dem Haus hindurchfließende Lechkanal zur Kühlung des Fleisches genutzt werden konnte.

Nach wenigen Schritten erreichen wir die evangelische Barfüßerkirche, ein ehemaliges Franziskanerkloster. Das gotische Bauwerk war einst eine der größten Hallenkirchen Süddeutschlands, doch während des Bombardements der Stadt im Jahr

Im Barfüßer-Café unterhalb der Kirche sitzt man direkt am Stadtgraben (S. 136, 139).

Kahnfahrt

1944 wurde es zerstört. Nur der Ostchor blieb übrig und bildet heute die eigentliche Kirche. Wir betreten das Gotteshaus über den Mittleren Lech (rechts) und sehen im Altarraum das Christkind von Georg Petel. Im Kreuzgang erfährt man einiges über den berühmtesten Täufling der Barfüßerkirche: Bertolt Brecht. Auf dessen Spuren schlagen wir nun einen Bogen: Schräg rechts geht es in die Gasse Auf dem Rain, die uns zum Brechthaus (S. 95) führt. Das Geburtshaus des berühmten Dichters – ein einfaches, typisches Handwerkerhaus – liegt besonders reizvoll am Zusammenfluss zweier Lechkanäle. Die Schmiedgasse (rechts) bringt uns zurück zur Barfüßerstraße.

Unser Weg führt uns nach links, vorbei an der Bäckerei Sirin mit köstlichen Baklavas und zur Fuggerei (S. 50). Nach einer Besichtigung der ersten Sozialsiedlung der Welt sehen wir nun schon von weitem das wuchtige Jakobertor. Direkt vor diesem ältesten noch erhaltenen Stadttor Augsburgs gehen wir nach links, um am Stadtgraben entlang zur idyllischen Kahnfahrt (S. 97) zu flanieren.

Fünffingerlesturm

Wasserrad am Vogeltor

Der Weg zum Gänsbühl, dem ehemaligen Geflügelmarkt, ist mit der romantischste in ganz Augsburg. Er führt uns an einem ehemaligen Wehrturm vorbei, den die Einheimischen liebevoll „Fünffingerlesturm" nennen und wegen seiner schönen Silhouette schätzen. Auf dem Rückweg entlang des gegenüberliegendes Ufers werden wir sie gebührend bewundern können. Zunächst wandern wir weiter zur Kahnfahrt mit Augsburgs originellstem Biergarten. Hier können Ruderboote gemietet werden, um sich auf den Wassern des breiten Stadtgrabens treiben zu lassen (S. 97).

Nach unserer Pause schlendern wir den Oblatterwall entlang zurück zum Jakobertor. Dort überqueren wir die geschäftige Kreuzung und folgen dem Stadtgraben in eine kleine Parkanlage, die sich bis zum Vogeltor erstreckt. Linker Hand lädt die moderne City-Galerie (S. 144) zum gepflegten Shoppen ein, direkt vor uns liegt das Lechviertel (S. 91) mit seinen charmanten Restaurants und Geschäften. Wir erreichen es über eine kleine Brücke rechts

Im Lechviertel

hinter dem Vogeltor; hier haben wir nach links einen Blick auf ein laufendes Wasserrad und rechts auf die netten Gärten direkt am Stadtgraben.

Wir spazieren nun am Kloster St. Ursula vorbei und wenden uns nach rechts, um dem Mittleren Lech zu folgen. Dieser bringt uns zu einem kleinen Platz und dem Holbeinhaus, Geburtsstätte des berühmten Malers Hans Holbein d. J. Daneben ist eine kleine Chocolaterie zu finden, wo man die vielleicht beste heiße Schokolade der Stadt kosten kann (S. 146).

Nach dem Holbeinplatz halten wir uns rechts und gehen den Vorderen Lech entlang, bis wir die Weiße Gasse erreichen (links). Sie wird von besonders ansprechenden Handwerkerhäusern gesäumt, so etwa dem Haus Nr. 5, das heute eine Töpferwerkstatt beherbergt. Die Straße bringt uns den Judenberg hinauf, und wir erreichen den Moritzplatz, wo uns die bunte Fassade des Weberhauses, die Moritzkirche und der Merkurbrunnen begrüßen.

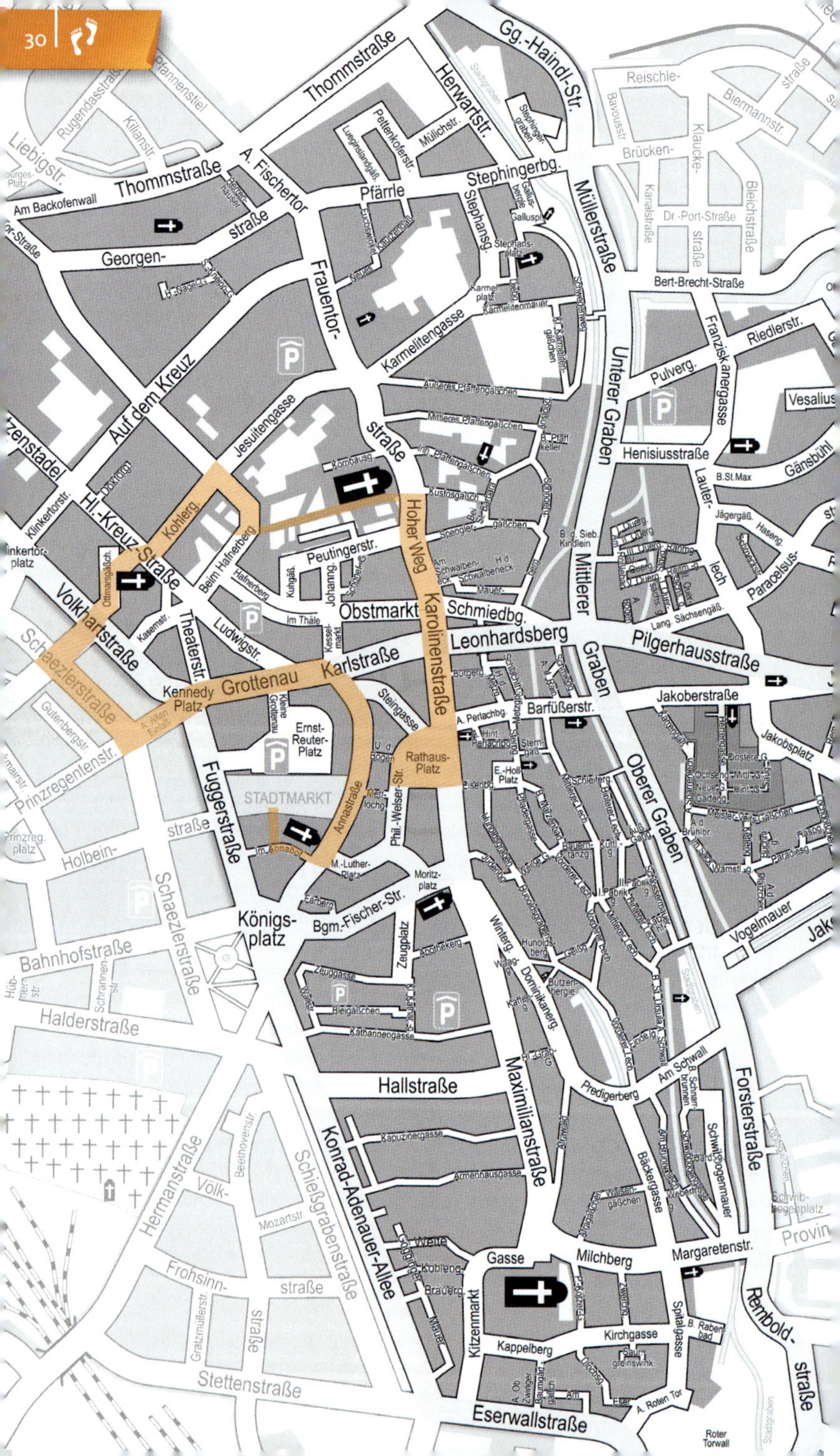
Gg.-Haindl-Str.
Thommstraße
Herwartstr.
Reischle-
straße
Biermannstr.
Bavoisstr.
Brücken-
Klaucke-
Liebigstr.
Rugendasstraße
Pfannenstiel
Kilianstr.
Pettenkoferstr.
Müllichstr.
Stephingerbg.
Stephansg.
Pfärrle
Am Backofenwall
Thommstraße
A. Fischertor
Georgen-
straße
Frauentor-
Müllerstraße
Kanalstraße
Dr.-Port-Straße
Bleichstraße
Bert-Brecht-Straße
Karmelitengasse
Karmelitenmauer
Unterer Graben
Franziskanergasse
Riedlerstr.
Pulverg.
Vesalius
Henisiusstraße
Gänsbühl
Auf dem Kreuz
Jesuitengasse
Äußeres Pfaffengäßchen
Mittleres Pfaffengäßchen
Inn. Pfaffengäßchen
straße
Kornhausg.
Kustosgäßchen
Spenglergäßchen
Lauter-
lech
B.St.Max
Jägergäß.
Haseng.
Paracelsus-
Hl.-Kreuz-Straße
Kohlerg.
Beim Hafnerberg
Hafnerberg
Peutingerstr.
Hoher Weg
Am Schwalbeneck
Mittlerer
Obstmarkt
Karolinenstraße
Schmiedbg.
Volkhartstraße
Schaezlerstraße
Theaterstr.
Ludwigstr.
Im Thäle
Leonhardsberg
Pilgerhausstraße
Karlstraße
Grottenau
Kennedy Platz
Graben
Jakoberstraße
Barfüßerstr.
Steingasse
Ernst-Reuter-Platz
Rathaus-Platz
A. Perlachbg.
Jakobsplatz
Prinzregentenstr.
Gutenbergstr.
Fuggerstraße
STADTMARKT
Annastraße
Phil.-Welser-Str.
Oberer Graben
Holbein-
straße
Im Annahof
M.-Luther-Platz
Moritz-platz
Königs-platz
Bgm.-Fischer-Str.
Schaezlerstraße
Bahnhofstraße
Zeuggasse
Zeugplatz
Wintergasse
Dominikanergasse
Vogelmauer
Halderstraße
Bleigäßchen
Katharinengasse
Hallstraße
Maximilianstraße
Predigerberg
Am Schwall
Forsterstraße
Hermanstraße
Völk-
Beethovenstr.
Schießgrabenstraße
Konrad-Adenauer-Allee
Kapuzinergasse
Armenhausgasse
Bäckergasse
Schwibbogenmauer
Mozartstr.
Frohsinn-
straße
Gasse
Milchberg
Margaretenstr.
Rembold-
straße
Kitzenmarkt
Kirchgasse
Spitalgasse
Kappelberg
Gratzmüllerstr.
Stettenstraße
Eserwallstraße
A. Roten Tor
Roter Torwall

Rund um den Dom

Von den alten Römern zu Luther

Auf den ersten Blick halten viele Auswärtige die weithin sichtbare Basilika St. Ulrich und Afra am südlichen Ende der Maxstraße für den Augsburger Bischofssitz. Doch der Hohe Dom (S. 56), dessen Anfänge ebenfalls bis ins Frühmittelalter zurückgehen, liegt nördlich des Rathauses im Herzen des ehemaligen mittelalterlichen Stadtkerns. Unser Spaziergang, der den Dom als Ausgangspunkt nimmt, führt uns quer durch die Geschichte der Stadt – von den Römern bis zu den Fuggern, von Bischof Ulrich bis zu Luther und dem Augsburger Religionsfrieden.

etwa eine Stunde ab Rathaus

Rathaus – Dom – Römermauer – Fronhof – Hofgarten – Gollwitzerhäuser – Theater – Annahof mit Annakirche und Lutherstiege – Stadtmarkt

Blick in die Vergangenheit: Römermauer beim Dom

Vom Rathausplatz aus gehen wir in die Karolinenstraße, die uns direkt zum Mariendom bringt. Unverkennbar sind die beiden spitzen Türme (11. Jahrhundert) und der gotische Ostchor, der 1431 nach 80 Jahren Bauzeit fertiggestellt wurde. Einen Rundgang durch den Dom einschließlich Kreuzgang, Krypta und Diözesanmuseum sollte sich niemand entgehen lassen.

Auf dem Domplatz selbst finden wir auch noch Mauerreste einer von Bischof Ulrich 956 – 960 erbauten Taufkirche. Sie steht auf Grundmauern aus der Römerzeit. Mehr aus dieser Epoche zeigt die Römermauer direkt daneben. Wir durchqueren dieses kleine „Freiluftmuseum" und schlendern durch den Fronhof und die ehemalige Bischöfliche Residenz (S. 86). Hier wurde am 25.6.1530 das „Augsburger Bekenntnis" verlesen, das heute noch als Grundlage der evangelischen Kirchen gilt. Durch das Tor der Regierung von Schwaben (oder links das Gebäude umrundend) erreichen wir nun den Hofgarten, ein wahres Juwel inmitten der Stadt, das zum Verweilen einlädt (S. 87).

Hofgarten – ein Juwel inmitten der Stadt

Nach einer genussvollen Ruhepause verlassen wir Hofgarten und Fronhof über die Alte Gasse und biegen links in die Kohlergasse ein. Diese bringt uns direkt zu der **Doppelkirche von Heilig Kreuz**. Die weißgetünchte katholische und die sandfarbene evangelische Kirche symbolisieren die wechselvolle Geschichte der beiden Konfessionen, deren Gleichstellung mit dem Augsburger Frieden von 1555 ihren Anfang nahm. Gegenüber der ev. Kirche findet sich mit dem Thorbräukeller übrigens ein uriger Biergarten. Hinter Evangelisch Heilig-Kreuz biegen wir in das Ottmarsgäßchen und überqueren die breite Volkhartstraße. Von hier aus haben wir einen herrlichen Blick auf die beiden gegenüberliegenden **Gollwitzer-Häuser** aus dem 19. Jahrhundert, die mit ihren fantasievollen Ornamenten zweifellos zu den schönsten Gebäuden in Augsburg gehören.

Wir folgen nun der Frölichstraße und biegen links in die Schaezlerstraße. Dort wartet mit der neubarocken Staats- und Stadtbibliothek ein weiteres eindrucksvolles Bauwerk auf uns. Es lohnt sich, dort kurz in den prachtvollen Eingangsbereich zu spitzeln.

Gollwitzer-Häuser

Lutherstiege

Beim Kennedyplatz angekommen, überqueren wir die große Kreuzung vor dem Stadttheater und gehen geradeaus weiter die Grottenau entlang. Schließlich haben wir die Augsburger Fußgängerzone erreicht, die rechter Hand mit ihren zahlreichen Geschäften zum Bummeln einlädt. Auch hier hat die Geschichte ihre Spuren hinterlassen. Unser Weg führt uns am Mettlochgäßchen vorbei (vierte Gasse links). Dort entdecken wir am rechten Haus einen schlichten Erker, hinter dem sich einst die Goldene Schreibstube verbarg. Von hier aus lenkte Jakob Fugger sein Handelsimperium, bevor Familie und Firma in die prestigeträchtige Adresse am Weinmarkt umzogen (S. 52).

Vom Mettlochgäßchen zurück, folgt wenig später der nicht grundlos so benannte Martin-Luther-Platz. Von dort führt eine kleine Gasse nach rechts zur Annakirche und in den Annahof (S. 60/61) zu unserer letzten, ebenfalls geschichtsträchtigen, Station: Im hiesigen Kloster übernachtete Luther, als er sich 1518 vor Kardinal Cajetan wegen des Anschlags seiner Thesen rechtfertigen musste.

Annahof

An die zentralen Ereignisse der Augsburger Reformationsgeschichte erinnert das Museum Lutherstiege (Eintritt frei). Beim Rundgang durch die historischen Räume erschließen sich die Kapitel der Reformation – hautnah und in multimedialer Inszenierung. Die Annakirche selbst legt ein eindrucksvolles Zeugnis vom Gegen- und Miteinander der Konfessionen ab; schließlich ist sie ein evangelisches Gotteshaus, beherbergt aber gleichzeitig die prunkvolle Grabkapelle der katholischen Familie Fugger. Dieses bedeutende Renaissance-Werk wurde nach Plänen von Albrecht Dürer gestaltet.

Nach so viel Geschichte lassen wir unseren Spaziergang beschaulich ausklingen. Über einen kleinen Durchgang im Annahof, wo einst die historische Stadtbibliothek stand, gelangt man auf den bunten Stadtmarkt, der unter der Woche von 7–18 Uhr und samstags bis 14 Uhr geöffnet hat. Hier locken zahlreiche kulinarische Köstlichkeiten. In der Viktualienhalle entdeckt man internationale Spezialitäten, Gewürze und Kräuter ferner Länder sowie eine bunt gemischte Imbiss-Zeile – auch mit vegetarischen Gerichten.

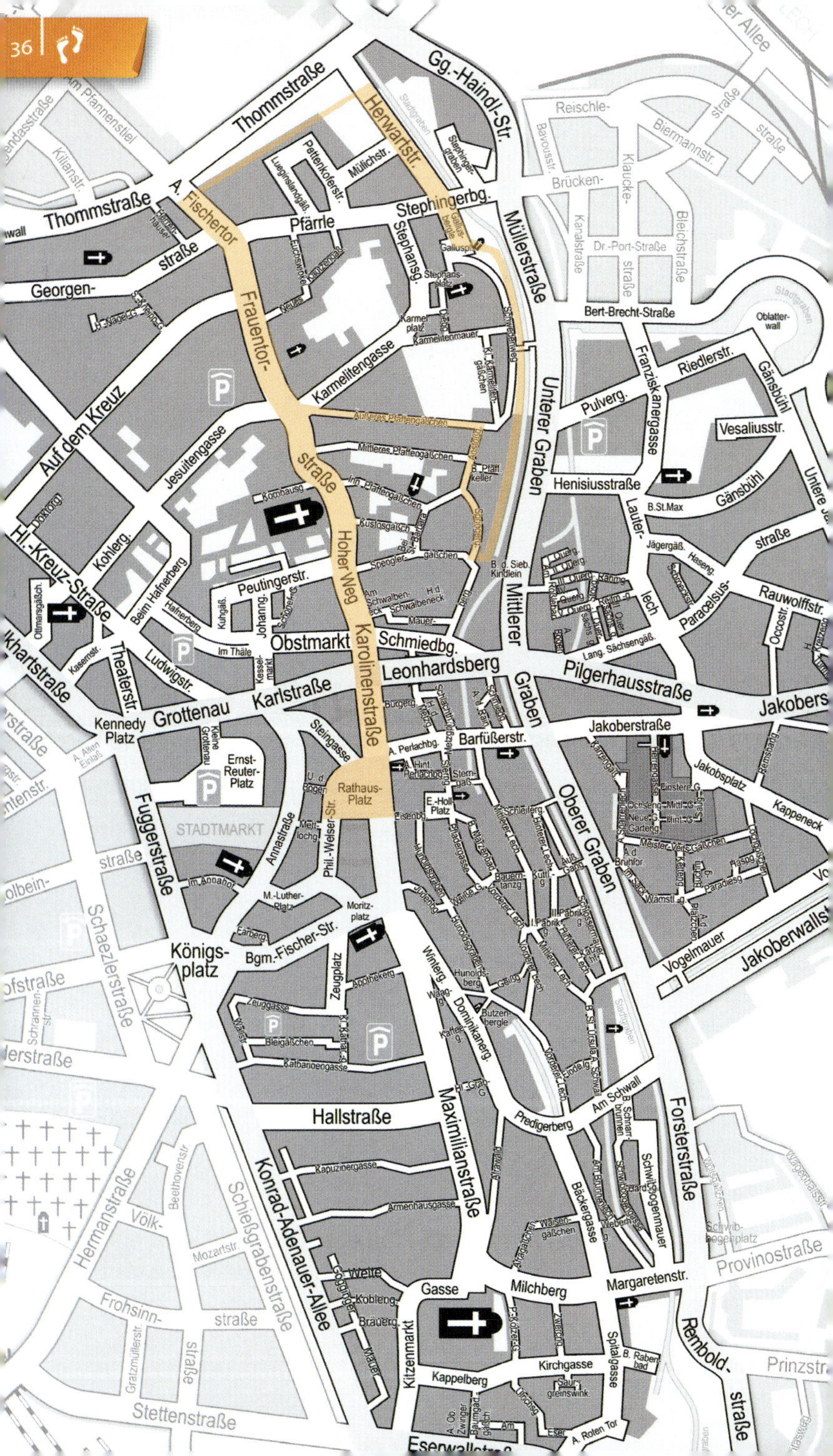
Thommstraße
Gg.-Haindl-Str.
Herwartstr.
Stephingerbg.
Müllerstraße
Reischle-
Biermannstr.
Brücken-
Klaucke-
Dr.-Port-Straße
Bert-Brecht-Straße
Oblatterwall
A. Fischertor
Pfärrle
Pettenkoferstr.
Mühlchstr.
Stephansg.
Georgen-
straße
Frauentor-
straße
Karmelitengasse
Karmelitenmauer
Äußeres Pfaffengäßchen
Mittleres Pfaffengäßchen
Inn. Pfaffengäßchen
Auf dem Kreuz
Jesuitengasse
Kornhausg.
Hoher Weg
Unterer Graben
Pulverg.
Franziskanergasse
Riedlerstr.
Gänsbühl
Vesaliusstr.
Henisiusstraße
Lauter-
lech
Jägergäß.
Haseng.
Paracelsus-
Rauwolffstr.
Peutingerstr.
Obstmarkt
Schmiedbg.
Karolinenstraße
Leonhardsberg
Pilgerhausstraße
Jakoberstraße
Jakobsplatz
Kappeneck
Hl.-Kreuz-Straße
Kohlerg.
Beim Hafnerberg
Theaterstr.
Ludwigstr.
Im Thäle
Grottenau
Karlstraße
Kennedy Platz
Ernst-Reuter-Platz
Steingasse
Rathaus-Platz
Barfüßerstr.
Mittlerer Graben
Oberer Graben
STADTMARKT
Fuggerstraße
Annastraße
Phil.-Welser-Str.
M.-Luther-Platz
Moritzplatz
Königsplatz
Bgm.-Fischer-Str.
Zeugplatz
Zeuggasse
Bleigäßchen
Katharinengasse
Schaezlerstraße
Wintergasse
Dominikanergasse
Vogelmauer
Jakoberwallstr.
Am Schwall
Predigerberg
Forsterstraße
Hallstraße
Maximilianstraße
Kapuzinergasse
Armenhausgasse
Bäckergasse
Konrad-Adenauer-Allee
Schießgrabenstraße
Hermanstraße
Völk-
Mozartstr.
Beethovenstr.
Frohsinn-
straße
Provinostraße
Schwibbogenplatz
Margaretenstr.
Milchberg
Gasse
Kitzenmarkt
Kappelberg
Kirchgasse
Spitalgasse
Rembold-
straße
Prinzstr.
Stettenstraße
Eserwallstraße

Entlang der Stadtmauer

Großes Kino und ruhiges Grün

Der Spaziergang entlang der alten Wehranlagen an der Nord- und Ostkante der alten Domstadt gehört zu den interessantesten Wegen Augsburgs. Über den Resten der römischen Provinzhauptstadt erbaut, hat sich das Domviertel viel von seiner historischen Gestalt bewahrt. Eingegrenzt wird es von einer Stadtmauer, die noch aus dem Mittelalter erhalten ist. Wegen der verwinkelten Gassen und einiger Stufen braucht dieser Spaziergang Zeit und etwas Energie. Letztere sollte man auf alle Fälle während einer wohlverdienten Pause wieder auftanken.

ca. eine Stunde ab Rathaus

Rathaus – Thalia-Café und Kino – Dom – Mozarthaus – Stadtmauer – Lueginsland – Liliom

Im Domviertel

Wir schlendern vom Rathausplatz aus die Karolinenstraße entlang (links). Sie verläuft in etwa auf der Route der alten Römerstraße, der Via Claudia Augusta, und führt uns am Augsburger Kinodreieck vorbei: das Mephisto Ecke Karlstraße, das Savoy am Schmiedberg und das Thalia am Obstmarkt mit seinem beliebten Kaffeehaus (S. 136). Am Dom (S. 56) mit seinen markanten Türmen angelangt, folgen wir weiter dem Verlauf der Römerstraße: durch das Südportal in die Kirche hinein und aus dem Nordportal wieder hinaus. Sehenswert sind auch die Hausfassaden rund um den Dom. Wir gehen weiter bis zu einer roten Stele und erreichen das Mozarthaus (S. 94), das Geburtshaus von Leopold Mozart, dem Vater des weltberühmten Wolfgang Amadeus. In der Gedenkstätte können Besucher dank Audioguide, Kurzfilmen, Musikeinspielungen und Guckkästen das Leben und die Musik der Familie Mozart unter ungewöhnlichen Aspekten neu entdecken.

Wir folgen nun wieder dem Verlauf der alten Römerstraße, vorbei an einem charmanten Tante-Emma-Laden. Bei Regen

Mozarthaus *Zum Lueginsland*

oder in den Wintermonaten bietet sich das dazugehörige Café für eine Pause an. Während der Biergartensaison sollte man sich aber unbedingt bis zum Lueginsland gedulden (S. 132).
Direkt vor dem Fischertor gehen wir nach rechts und erklimmen die Treppe zur Stadtmauer, wo uns bald der Hexenbrunnen begegnet. Unser Ziel ist die Bastion Lueginsland (von lugen, spähen), von hier aus hatten die Verteidiger der Stadt eine freie Sicht auf das nördliche Lechtal. Uns erwartet nun ein lauschiger Biergarten. Nach einer zünftigen Brotzeit empfiehlt es sich, die Anlage noch etwas zu erforschen.

Am anderen Ende des Lueginsland auf der Herwartstraße hoch über dem Stadtgraben begleiten wir weiter die Stadtmauer. Nach der Kreuzung Stephingerberg wechseln wir zur „grünen Seite" der Schwedenmauer (links der Mauer). Ihren Namen verdankt sie der schwedischen Garnison, die während des Dreißigjährigen Kriegs in Augsburg stationiert war und mit der Schwedenstiege eine Treppe und Brücke anlegte, um schnell über den Stadtgraben zu den

Hexenbrunnen

Dr SchdoinerneMa

Ringmauern gelangen zu können. Durch Schlupflöcher in der Mauer kann man auch auf die Innenseite einen Blick werfen, den Weg sollte man aber auf der „grünen Seite" fortsetzen. Unterwegs kommen wir am Dohlenturm und einer Augsburger Legende vorbei: „Dr Schdoinerne Ma" (der Steinerne Mann) ist eine aus verschiedenen Bruchstücken zusammengesetzte Steinfigur. Diese soll den Bäcker Konrad Hacker darstellen, der während der Belagerung durch die kaiserlich-bayerischen Truppen im Winter 1634 die Feinde über die desolate Versorgungslage hinwegtäuschte, indem er einen aus Sägemehl gebackenen, riesigen Laib Brot in den Stadtgraben warf. Ihm wurde dabei der Arm abgeschossen und er starb, aber die Stadt war gerettet. Die eiserne Nase der Figur zu berühren, soll Liebespaaren Glück bringen.

Wir steigen die Schwedenstiege hinab und schlendern nach rechts den Stadtgraben entlang zum Liliom. Dieses vierte Augsburger Programmkino samt Biergarten ist in einem alten Brun-

Liliom

nenpumphaus untergebracht. Es bildet ein reizvolles Ensemble mit dem Unteren Brunnenturm und einer kleinen Brücke. Letztere führt über den Stadtbach und bietet einen eindrucksvollen Blick auf das Zusammenspiel der **Augsburger Wasserwege**. Über eine Treppe hinter der Brücke gelangen wir zum Spenglergäßchen. Von hier führt gleich rechts das Springergäßchen zum deutschlandweit bekannt gewordenen Grandhotel Cosmopolis (S. 157), einem gesellschaftlichen Gesamtkunstwerk, das gleichzeitig Künstlerhaus, Asylbewerberheim, Bar und Hotel ist. Geradeaus weiter über Pfaffen- und Anstoßgäßchen treffen wir auf das Wieselhaus (S. 85), das einzig original erhaltene Renaissancegebäude in Augsburg, heute Fugger- und Welser-Erlebnismuseum. Folgen wir dem Äußeren Pfaffengäßchen nach links, kommen wir am Archäologiegarten vorbei. Hier wird zum Beispiel der Aufbau einer römischen Fußbodenheizung gezeigt. Am Ende des Weges stoßen wir wieder auf die Frauentorstraße, die uns nach links zurück zum Dom führt.

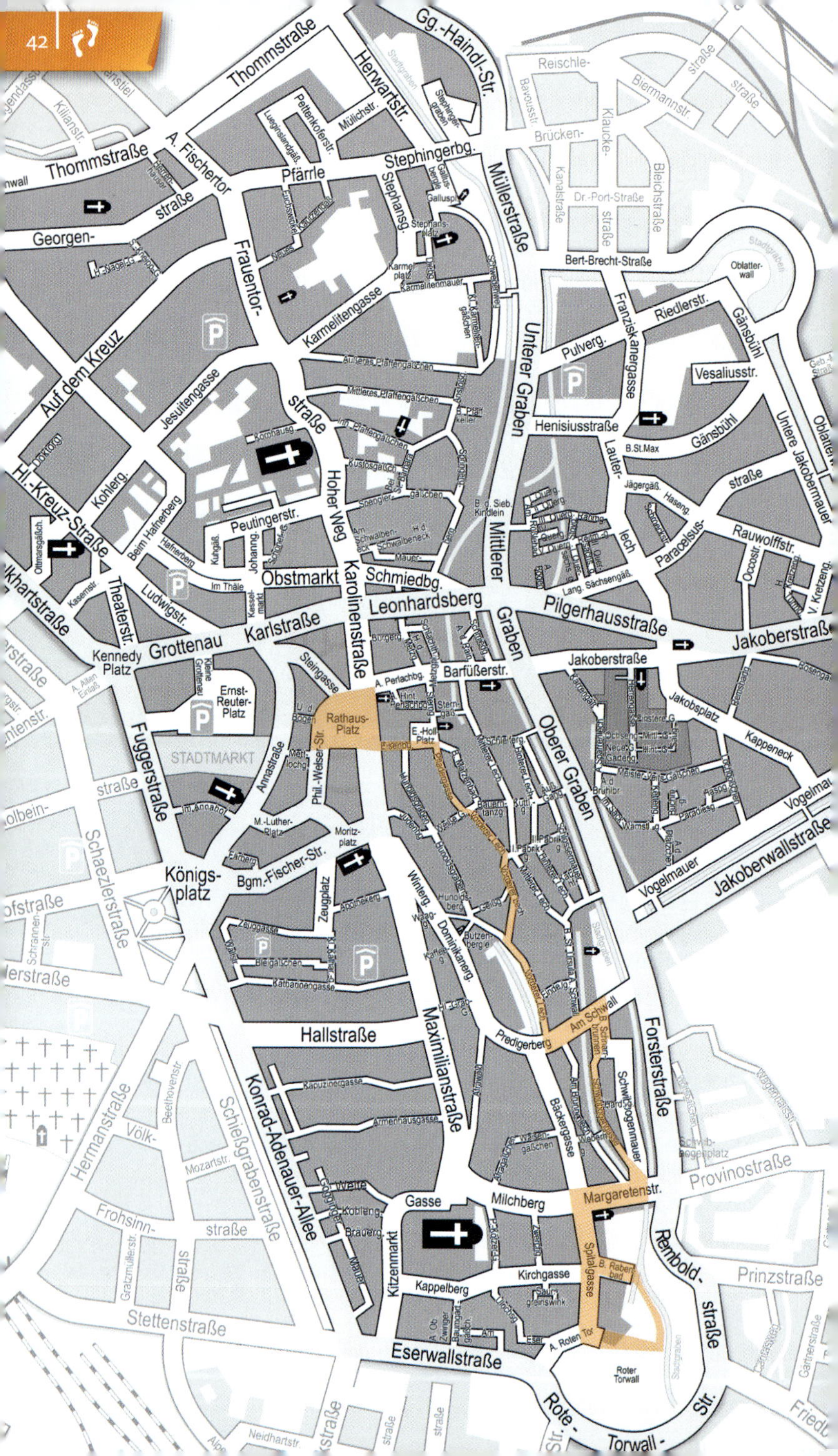
Thommstraße
Herwartstr.
Gg.-Haindl-Str.
Müllerstraße
Stephingerbg.
Pfärrle
A. Fischertor
Georgen-
straße
Frauentor-
straße
Auf dem Kreuz
Jesuitengasse
Karmelitengasse
Unterer Graben
Mittlerer Graben
Oberer Graben
Hoher Weg
Karolinenstraße
Obstmarkt
Schmiedbg.
Leonhardsberg
Pilgerhausstraße
Jakoberstraße
Karlstraße
Grottenau
Kennedy Platz
Fuggerstraße
Ernst-Reuter-Platz
STADTMARKT
Rathaus-Platz
Barfüßerstr.
Königsplatz
Bgm.-Fischer-Str.
Moritzplatz
Maximilianstraße
Hallstraße
Konrad-Adenauer-Allee
Schaezlerstraße
Forsterstraße
Margaretenstr.
Milchberg
Spitalgasse
Kirchgasse
Kappelberg
Kitzenmarkt
Eserwallstraße
Rote-Torwall-Str.
Roter Torwall
Rembold-straße
Prinzstraße
Provinostraße
Jakoberwallstraße
Vogelmauer
Kappeneck
Jakobsplatz
Gänsbühl
Vesaliusstr.
Riedlerstr.
Pulverg.
Henisiusstraße
Bert-Brecht-Straße
Dr.-Port-Straße
Reischle-
Biermannstr.
Peutingerstr.
Theaterstr.
Ludwigstr.
Hl.-Kreuz-Straße
Annastraße
Steingasse
Predigerberg
Am Schwall
Bäckergasse
Dominikanergasse
Schwibbogenmauer
Hermanstraße
Frohsinn-straße
Stettenstraße
Schießgrabenstraße
Völk-
Mozartstr.

Die Rote-Tor-Anlagen

Von Puppen und Handwerkern

Nicht nur die Kaufleute der „Oberstadt" trugen in der Fuggerzeit zur Augsburger Pracht bei, sondern auch die Handwerker aus der „Unterstadt": Silberschmiede, Gerber, Schäffler, Buchbinder und viele weitere Betriebe siedelten sich in den Gassen des Lechviertels an (S. 91). Das ausgeklügelte System der Lechkanäle versorgte die Werkstätten mit der nötigen Wasserkraft. Unser Spaziergang führt uns an diesen Wasserwegen entlang und durch malerische Gassen bis zu den Wallanlagen am Roten Tor (S. 88). Ziel sind die Wassertürme am Roten Tor (S. 72).

ca. 50 Minuten ab Rathaus

Rathaus – Eisenberg – Alte Silberschmiede – Gignoux-Haus – Dominikanerkirche – Handwerkermuseum – Rotes Tor – Kräutergarten

Alte Silberschmiede in der Altstadt

Beginnen aber wollen wir am Rathausplatz, wo der Augustusbrunnen einst mit dem Wasser aus genau jenen Türmen gespeist wurde. Wir gehen rechts am Rathaus vorbei und Augsburgs zweitlängste Treppe hinunter. Der „Eisenberg" verdankt seinen Namen dem Gefängnis, das sich früher in den Rathaus-Gewölben befand; heute wird man im Ratskeller (S. 130) zum Glück nur noch trefflich verköstigt und nicht inhaftiert.

Ein Gefängnis stand auch auf dem Elias-Holl-Platz. Als das Gebäude 1882 abgerissen wurde, entfaltete die Rückfassade des Rathauses eine so beeindruckende Wirkung, dass der Platz unbebaut belassen wurde. So kommen auch das Kloster Maria Stern und die Bürgerhäuser an der Südseite des Platzes schön zur Geltung. An Letzteren vorbei schlendern wir in die Pfladergasse. Hier finden wir rechter Hand die Alte Silberschmiede, eines der ältesten erhaltenen Handwerkerhäuser der Stadt. Es beherbergt heute eine Goldschmiede mit einem romantischen Innenhof.
Wir halten uns nun links und folgen dem Vorderen Lech. Unseren

Gignoux-Haus, als „Komödie" lange Zeit Spielstätte des Stadttheaters

Weg säumen unter anderem das Gignoux-Haus, in dem eine der ersten Kattunmanufakturen Deutschlands untergebracht war, und das Geburtshaus von Hans Holbein d. J. Am Ende des Vorderen Lechs angekommen, gehen wir rechts den Predigerberg hinauf, wo einige Fundstücke aus der Römerzeit den Straßenrand säumen. Dann kehren wir wieder um und gehen die Straße „Am Schwall" abwärts, nach rechts in die Straße „Beim Schnarrbrunnen" und nochmal rechts in die Schwibbogengasse. Hier entdecken wir rechter Hand ein besonders romantisches Eckchen, an dem früher und – nach vehementen Bürgerprotesten beim Abbau – seit 2015 wieder ein Wasserrad seinen Platz hat. Weiter geht's zum Schwibbogenplatz. Hier halten wir uns nach rechts, werfen einen kurzen, aber lohnenswerten Blick hinauf zur Basilika St. Ulrich und Afra (S. 58) und überqueren die Straße.

Wir haben die Spitalgasse erreicht, wo neben der traditionsreichen Bäckerei Laxgang mit ihrem Weinhöfle das Schwäbische Handwerkermuseum (S. 72) und die berühmte Augsburger

Hier darf jeder ernten – der Kräutergarten beim Roten Tor *Wassertürme*

Puppenkiste (S. 80) auf uns warten. Beide sind im wunderschönen Heilig-Geist-Spital untergebracht (links). Das Handwerkermuseum befindet sich im zweiten Innenhof, der von den Wassertürmen (S. 72) und den Wehranlagen eingerahmt wird. Die Puppenkiste erreichen wir, wenn wir der Straße geradeaus folgen. Dieser Weg führt auch zum Roten Tor (S. 88), durch das einst der Handelsverkehr aus Italien in die Stadt einfuhr. Neben dem Brunnenmeisterhaus (links) gelangen wir durch einen hölzernen Durchgang (oder wir umrunden die Freilichtbühne) zu den Rote-Tor-Anlagen. Der von Freilichtbühne (S. 118) und Wehrmauer eingerahmte Park ist es wert, ausgiebig erforscht zu werden. In der Grünanlage finden wir seit Herbst 2014 den neu errichteten Lummerlandspielplatz und den lauschigen Kräutergarten (S. 89), einen Lieblingsplatz vieler Augsburger. Von hier aus führt ein kleines Brückchen zurück zur Spitalgasse.

Sehenswert

Entdecken, was Augsburg so einzigartig macht: Klassiker wie Fuggerei und Puppenkiste, prächtige Renaissancebauten wie Rathaus und Perlachturm, die Prachtbrunnen und Kirchen und – nicht zu vergessen – die „grüne“ Seite der Stadt: paradiesische Parks und Gärten.

Eine kleine „Stadt in der Stadt" – die Fuggerei

Fuggerei

Wohnen für 88 Cent im Jahr

Die Fuggerei ist Augsburgs **beliebteste Touristenattraktion**. 1521, also vor etwa 500 Jahren, stiftete Jakob Fugger der Reiche ein eigenes Viertel für die Armen: Insgesamt 67 Reihenhäuser mit je zwei Wohnungen ließ er errichten, dazu eine eigene Kirche und eine Mauer als Schutz – eine kleine „Stadt in der Stadt" war entstanden und mir ihr die heute **älteste Sozialsiedlung der Welt**.

Noch heute leben hier rund 150 Menschen: bedürftige katholische Augsburger, die wie zu Fuggers Zeiten nur einen Mietzins von einem rheinischen Gulden zahlen – umgerechnet 0,88 € pro Jahr (zuzüglich der Nebenkosten). Hinzu kommen damals wie heute täglich drei Gebete für das Seelenheil des Stifters. Denn der sah in der Fuggerei wohl auch ein gutes Werk für sich selbst: Die Stiftung sollte ihn im Fegefeuer entlasten.

Verschiedene Klingelzüge – so fand man auch im Dunkeln das eigene Haus

Heute betritt man die Fuggerei von der Jakoberstraße aus. Der Eintrittspreis unterstützt den Unterhalt, für den noch immer die Fuggerschen Stiftungen aufkommen. Dem Besucher bietet sich ein idyllisches Bild, denn viele der gelben, beschaulichen Häuschen sind mit wildem Wein bewachsen. Eine **Schauwohnung** in der Ochsengasse zeigt, wie sie heute ausgestattet sind. Das **Fuggereimuseum** in der Mittleren Gasse 16 hingegen richtet den Blick zurück: Hier kann man sich über die Entstehungsgeschichte der Siedlung informieren. Ein beeindruckendes wie beklemmendes Erlebnis bietet der Besuch des Bunkers, der den Bewohnern 1944 das Leben rettete: In der schrecklichen Bombennacht vom 25. Februar war die Siedlung zu fast zwei Dritteln zerstört worden.

Jakoberstraße 26
April – Sept. tägl. 8 – 20 Uhr
Okt. – März tägl. 9 – 18 Uhr
Ⓗ „Fuggerei", Linie 1
www.fuggerei.de

Andenken und Souvenirs erhält man im kleinen Fuggereilädle. Auch nett: der kleine Biergarten

Monumentales Hauptportal der Fuggerhäuser

Fuggerhäuser

Palast und Firmenzentrale

Einen imposanten Firmensitz ließ sich Jakob Fugger 1512 – 1515 direkt im Zentrum der Stadt bauen. Hier logierten neben der Familie auch ständig Gäste der Fugger, u. a. Kaiser Karl V., der berühmte Maler Tizian und der Päpstliche Legat Kardinal Cajetan, der Luther hier verhörte. Heute wirkt der Komplex von außen fast bescheiden, doch im Inneren verbergen sich stimmungsvolle Innenhöfe. Im **Damenhof** bringen Säulen, Rundbögen und ein Wasserbecken mediterranes Flair nach Augsburg. Die beeindruckenden **Badstuben** (Musensaal und Zodiaksaal) wurden von Hans Fugger als Sammlungskabinett angelegt. Aus konservatorischen Gründen werden dort nur limitierte Besuchergruppen zugelassen.

Maximilianstraße 36/38, Zeugplatz 7
Ⓗ „Moritzplatz", Linien 1 und 2
www.fugger.de

Keine zwei sind gleich: Giebel beim Moritzplatz, dahinter Perlach- und Rathausturm

Maximilianstraße

Lebensader der Stadt

Vom Ulrichsplatz kann man über diese beeindruckende Renaissancestraße mit ihren Prachtbrunnen (S. 68) bis zum Dom (S. 56) blicken. Wohlhabende Handelsfamilien bauten hier ihre **repräsentativen Patrizierhäuser**. Wie reich deren Fassaden einst bemalt waren, kann man leider nur noch am Kathanhaus in der Kapuzinergasse erahnen.

Heute ist die Maxstraße eine wichtige Geschäftsstraße und vor allem abends **beliebte Ausgehmeile**. Restaurants, Cafés und Bars reihen sich aneinander (S. 140) und Nachtbummler flanieren an lauen Sommerabenden Augsburgs Prachtmeile entlang – ganz nach dem Motto „sehen und gesehen werden".

Kathanhaus: Kapuzinergasse 10
Ⓗ „Moritzplatz", Linien 1 und 2

Der Goldene Saal ist heute wieder der Stolz der Stadt.

Rathaus und Perlach

Stolz der Stadt

Ein wahrhaft majestätisches Rathaus hat Elias Holl ab 1615 geschaffen – auch wenn er wohl noch nicht wusste, dass es Augsburgs Wahrzeichen werden würde. Zusammen mit dem Perlachturm bildet das Rathaus eine unverwechselbare Silhouette und Deutschlands schönstes Renaissance-Ensemble. Der Turm wurde von Elias Holl auf 70 Meter erhöht, damit er als Wachturm genutzt werden konnte. Der Name „Perlach" spielt wohl darauf an, dass auf dem Platz früher Tanzbären aufgetreten sind. Täglich um 11, 12, 17 und 18 Uhr lassen 35 Glöckchen vom Perlachturm verschiedene Melodien erklingen. Im untersten Fenster des Turms nimmt zum Turamichele-Fest Ende September der Erzengel Michael den Kampf mit dem Teufel auf (S. 114). Der Perlachturm ist gleichzeitig der Kirchturm der Wallfahrtskirche zur Maria Knotenlöserin, St. Peter am Perlach.

„Stadtgeschichte zum Anfassen" präsentiert der Tastraum im Unteren Flez.

Das heutige **Rathaus**, einer der bedeutendsten Renaissance-Bauten nördlich der Alpen, hebt sich 44 m hoch vom Rathausplatz ab, von der Ostseite sind es wegen des Geländeunterschieds sogar 65 m. Die Größe macht Eindruck – außen wie innen: Allein der berühmte **Goldene Saal** im Obergeschoss ist 14 m hoch. Johann Matthias Kager gestaltete den Saal, an den noch vier Fürstenzimmer grenzen, nach dem Vorbild des venezianischen Dogenpalasts.

Gegenüber vom Aufgang zum Goldenen Saal befindet sich der **Tastraum**: eine kompakte Version der Stadtgeschichte mit einigen Exponaten, die von Sehenden und Blinden betastet werden dürfen.

Rathausplatz 2
Foyer und Tastraum frei zugängl.
Goldener Saal tägl. 10–18 Uhr
Perlachturm Apr.– Anf. Nov. tägl.
10–18 Uhr, Advent Fr–So 13–19 Uhr
Ⓗ „Rathausplatz", Linien 1 und 2

Einen einmaligen Blick über die Stadt bietet der Perlachturm – zwar erst nach 258 Stufen, dafür aber bei gutem Wetter bis zu den Alpen!

Unübersehbar: der Hohe Dom

Hoher Dom

Rätselhafte Türen und Propheten

Schon von Weitem sieht man den hellen gotischen Ostchor und die beiden fast trutzig wirkenden Türme des Doms. Beim Näherkommen entdeckt man auf dem Vorplatz die Römermauer, an der Funde aus der Zeit des Imperium Romanum zu bestaunen sind.

Wann genau hier zum ersten Mal eine Kirche errichtet wurde, ist unklar. Sicher ist, dass der Heilige Simpert eine Bischofskirche errichten ließ, die 805 geweiht wurde. Das Fundament dieses karolingischen Querhauses hat man bei Bauarbeiten zum benachbarten Diözesanmusem gefunden und in dieses intergriert. Die Türme stammen wie die berühmte ursprüngliche Domtür aus dem 11. Jahrhundert. Ihre 35 Bronzeplatten sind mit figürlichen Darstellungen aus dem Alten Testament und Tierkreiszeichen geschmückt. Ebenso bemerkenswert sind die um 1140 entstan-

Prophetenfenster

Bronzene Domtür

denen fünf **Prophetenfenster** im Dom. Sie bilden den ältesten erhaltenen Glasgemäldezyklus der Welt.

Unter dem Westchor befinden sich zwei **Krypten** mit wuchtigen romanischen Gewölben. Wer von dort zum Mittelschiff emporsteigt und zum Ostchor (1356–1431) geht, macht gleichzeitig eine Zeitreise von der Romanik in die Gotik mit ihrer himmelstrebenden Architektur.

Im 17. Jahrhundert wurde der Innenraum barockisiert. Von den vier Kapellen aus dieser Zeit ist nur noch die Marienkapelle von Gabriel de Gabrieli am spätgotischen Kreuzgang erhalten. Letzterer enthält eine ungewöhnlich große Anzahl von Grabplatten und Epitaphien von der Spätgotik bis zur Renaissance.

Hoher Weg, tägl. 7–18 Uhr
Diözesanmuseum Di–Sa
10–17 Uhr, So und Fei 12–18 Uhr
Ⓗ „Stadtwerke/Dom", Linie 2

Im Diözesanmuseum gleich nördlich des Doms sind die alte Domtür und großartige Schaustücke ab dem Mittelalter zu sehen!

Die Doppelkirche St. Ulrich prägt das Stadtbild.

Ulrichskirchen

Nachbarschaft der Konfessionen

Die baulich verbundenen Kirchen St. Ulrich (evangelisch) und St. Ulrich und Afra (katholisch) sind wie die Heilig-Kreuz-Kirchen Sinnbild für das friedliche Miteinander der Konfessionen. Die mächtige katholische Kirche krönt den Abschluss der ohnehin prächtigen Maximilianstraße. Ihren Namen hat sie von den Bistumspatronen: Afra, die für ihren im Römischen Reich verbotenen christlichen Glauben in Augsburg verbrannt wurde, und Ulrich, einem allseits beliebten Bischof. Die Grablege der beiden befindet sich in der Krypta.

Die heutige Basilika wurde als spätgotische Kirche begonnen, in der Renaissance vollendet und ist in ihrer Ausstattung weitgehend barock gestaltet. Drei prachtvolle, goldglänzende Altarbauten füllen den Chorraum: der linke ist der hl. Afra geweiht, der rechte dem hl. Ulrich, der Augsburg 955 vor den einfallenden

Terrakottafiguren

Blick in den Innenraum

Ungarn gerettet haben soll. Er wird immer mit einem Fisch dargestellt, weil er der Legende nach einem Boten an einem Freitag ein Stück Braten gegeben habe, das sich in Fisch verwandelt hatte, als dieser Bote seinem Herrn die Schandtat zeigen wollte.

Die drei Altäre betonen die zentralen Glaubensinhalte des Christentums – Weihnachten (Hauptaltar), Ostern (Ulrichsaltar) und Pfingsten (Afraaltar).

Im rechten Seitenschiff befinden sich Kapelle und Grablege für den dritten Bistumspatron: den hl. Simpert, wohl ein Neffe Karls des Großen. Beeindruckend: die dreizehn Terrakottafiguren, die Christus und die Apostel darstellen.

Ulrichsplatz
tägl. 7–12 und 14–18 Uhr
ev. St. Ulrich: Mo–Do 10:30–16:30, Fr/Sa 10:30–12:30, So 12:30–17:30 Uhr
Ⓗ „Ulrichsplatz", Bus 32, „Theodor-Heuss-Platz/IHK", Linie 2 und 3

Die ursprüngliche Vorhalle für Wallfahrer wurde 1648 zur evangelischen Ulrichskirche umgewandelt.

St.-Anna-Kirche in der Fußgängerzone

Friedensengel, Symbol von St. Anna

St. Anna

Luther und die Reformation

Die Kirche St. Anna ist nicht nur wegen ihrer zentralen Lage Mittelpunkt des evangelischen Lebens der Stadt. Auch ihre Ausstattung, die nach der aufwendigen Renovierung noch prachtvoller glänzt, sucht ihresgleichen: Das barocke Hauptschiff beeindruckt mit dem von J. G. Bergmüller gestalteten Himmel und dem neuen Altar aus rotem Wachs. Der Ostchor ist mit seinen Bildern Ausdruck protestantischen Glaubens. Hier findet sich auch eines der bekanntesten Luther-Porträts aus Cranachs Werkstatt.

Wesentlich prunkvoller ist jedoch die Fuggerkapelle von Albrecht Dürer im Westen der Kirche. Jakob Fugger ließ sie als Grabkapelle für sich und seine Brüder fertigen. Sie stellt mit der Figurengruppe von Daucher eines der bedeutendsten Renaissance-Bauwerke nördlich der Alpen dar.

Hauptschiff mit der Fuggerkapelle

Ein ruhiger Pol in der Kirche ist dagegen die **Goldschmiedekapelle**. Sie lädt den Besucher mit ihren eindrucksvollen Fresken ein, zur Ruhe zu kommen. Ebenfalls ein Ort der Stille ist der Kreuzgang, durch den man die Kirche betritt. Die dort angebrachten prunkvollen, teilweise aus heutiger Sicht auch kuriosen Grabplatten, sind Zeugnisse der Stadtgeschichte Augsburgs.

Nicht versäumen sollte man den kurzen „Aufstieg" aus dem Kreuzgang zum **Museum Lutherstiege**; in den ehemaligen Klosterzellen soll Luther 1518 gewohnt haben. Hier wird die Augsburger Reformationsgeschichte in moderner Inszenierung erzählt.

Annastraße,
Lutherstiege und Kirche geöffnet:
Mo 12–17 Uhr, Di–Sa 10–18 Uhr
(Nov.–April bis 17 Uhr),
So 15–17 Uhr (Nov–April bis 16 Uhr),
Während des Gottesdienstes
So 10–12:30 Uhr Lutherstiege geschl.
Ⓗ Königsplatz, alle Linien

Ein Kuriosum der Reformation: das Grab des erzkatholischen Jakob Fugger in einer evangelischen Kirche.

St. Moritz liegt zentral, nahe den Fuggerhäusern (links im Bild).

St. Moritz

Ein „Kirchenraum der Zukunft"

Eine der **ältesten Kirchen der Stadt** liegt nur einen Steinwurf vom Fuggerpalais entfernt. Sie wurde von Jakob Fugger zu „seiner" Kirche erkoren, nachdem St. Anna, wo er seine Grablege hatte errichten lassen, evangelisch geworden war.

Gegründet wurde das zur Moritzkirche gehörige Kirchenstift Anfang des 11. Jahrhunderts zu Ehren des Patrons aller Ritter, dem Heiligen Moritz. Bis in die Gegenwart wurde die Kirche immer wieder umgebaut: die Außenmauern stammen noch von der zweiten Kirche aus dem Jahr 1314.

Wie viele andere Augsburger Kirchen wurde auch St. Moritz im Zuge des Zweiten Weltkriegs in großen Teilen zerstört. Der Nachkriegsbau spiegelte diese wechselhafte Geschichte wider, ließ jedoch eine harmonische Einheit vermissen. Diese wurde

Herzstück: die barocke Figur des Christus Salvator von Georg Petel

dem Innenraum durch die **Neugestaltung in den Jahren 2010-2013** wiedergegeben. Lichtdurchflutet und schlicht stellt sich das Gotteshaus heute dar. Sein Herzstück bildet die barocke Figur des Christus Salvator von Georg Petel, die dem Betrachter aus dem Licht der Apsis mit offenen Armen entgegenzuschreiten scheint. Sehr eindrucksvoll sind auch die überlebensgroßen Apostelfiguren aus Holz in beiden Seitenschiffen von Ehrgott Bendel: links Joseph mit der Säge, Johannes mit dem Kelch, Andreas mit dem Ast und Petrus mit den Himmelsschlüsseln. Auf der rechten Seite Paulus mit dem Schwert, Rochus mit Stab und Muscheln, Thomas mit Lanze und Philippus mit einem Buch.

Der von der CitySeelsorge betriebene Moritzpunkt bietet Kaffee und gute Gespräche!

Moritzplatz
Moritzpunkt geöffnet
Mo – Sa 11–19 Uhr
(H) „Moritzplatz", Linie 1 und 2

Im wahrsten Sinne herausragend: Herz-Jesu-Kirche im Westen Augsburgs

Herz Jesu

Schönste Jugendstilkirche Deutschlands

„Heiligstes Herz Jesu" heißt die katholische Stadtpfarrkirche des Stadtteils Pfersee mit vollem Namen. Ihr 72 Meter hoher Turm mit der helmartigen Spitze und dem weithin sichtbaren Kreuz ist eines der bestimmenden Elemente der „Skyline" im Westen. Ihre Entstehung verdankt diese einzigartige Kirche aus der Jugendstilzeit dem rasanten Bevölkerungswachstum im Zuge der Industrialisierung. Im Laufe des 19. Jahrhunderts siedelten sich so viele Augsburger Fabrikarbeiter und Betriebe in Pfersee an, dass dringend eine neue Kirche her musste. 1907 war Grundsteinlegung, und unter Leitung des Augsburger Architekten Michael Kurz nahm das neue Gotteshaus eindrucksvolle Gestalt an: Eine so moderne und anmutige Jugendstilkirche hatte in Deutschland noch niemand entworfen.

Das namensgebende Herz Jesu in der goldenen, reich verzierten Kuppel

Die Herz-Jesu-Kirche ist tatsächlich eine Schatzkammer, überall gibt es etwas Kostbares zu entdecken: Holzdecke, Kapitelle, Fenster, Reliefs und Fresken – der Innenraum ist eine wahre Pracht. Typisch für den Jugendstil sind auch die verwendeten Farben: Gold, Violett, Oliv und Weiß.

Blickfang und Herzstück der Kirche ist jedoch der Altarraum. Frontal betrachtet, ähnelt dessen doppelter Bogen der etwa zeitgleich entstandenen Synagoge, auch wenn die Altarkuppel durch Form und Verzierung eher an eine Moschee erinnert. Der Brückenschlag zwischen den Konfessionen und Religionen, der so typisch für die Stadt und ihr Selbstverständnis ist, manifestiert sich hier auf einmalige Weise.

Franz-Kobinger-Straße 2
geöffnet: Mo–Fr 8–12 Uhr, 14–17:30 Uhr, Sa/So außerhalb der Gottesdienstzeiten
Ⓗ „Augsburger Straße", Linie 3

Die schönen Buntglasfenster zeigen Zitate und Symbole aus der Bergpredigt und tauchen den Raum in ein eigenes Licht.

Von außen ein mächtiger Palast: die Augsburger Synagoge

Synagoge

Zwischen Orient und Jugendstil

In zentraler Lage nahe Königsplatz und Hauptbahnhof entstand bis 1917 ein monumentaler Bau mit Kuppel für die damals etwa 1200 Mitglieder der jüdischen Gemeinde. Die Lage erwies sich auch in der Reichsprogromnacht 1938 als günstig: Die Synagoge wurde von den Nazis in Brand gesetzt, dann aber gelöscht – aus Angst, dass das Feuer auf die benachbarten Gebäude überspringen könnte. Erst Anfang der achtziger Jahre waren alle Schäden beseitigt und die Synagoge konnte zusammen mit dem neu eingerichteten Jüdischen Kulturmuseum eröffnet werden.

Von außen wie innen gleichermaßen beeindruckend ist die 29 Meter hohe Kuppel. Am Rand sitzen Löwen, die Wappentiere des Hauses David, als majestätische Wächterfiguren. Im Inneren ist die Kuppel mit einem grüngoldenen Mosaik verkleidet und

Im Inneren ein prächtig verzierter, goldgeschmückter Kuppelsaal

mit orientalisch anmutenden Elementen verziert – aber auch eine Zirbelnuss ist vorhanden und zeigt die Verbundenheit mit Augsburg. Goldtöne und sparsam eingesetzte Beleuchtung verbreiten ein mystisches Licht.

Im idyllischen Innenhof befindet sich ein Lebensbrunnen, in den das Bibelzitat „Kommet, ihr Durstigen alle, hier ist die Quelle" (Jesaja) eingraviert ist.

Das Jüdische Kulturmuseum ist in einem Seitentrakt der Synagoge untergebracht und dokumentiert die reiche Kultur und wechselvolle Geschichte der Juden in Augsburg und Schwaben ab dem Mittelalter mit interaktiven Medien und Hörstationen. Eigene Kinderstationen wenden sich an die kleinen Museumsbesucher.

Halderstraße 8
Di – Do 9 –18 Uhr,
Fr 9 –16 Uhr,
So/Fei 10 –17 Uhr
Ⓗ „Königsplatz", alle Linien

Eine zweite Synagoge gab es im Stadtteil Kriegshaber (Ulmer Str. 228) – sie wird als Zweigstelle des Museums genutzt.

Herkulesbrunnen *Merkurbrunnen*

Prachtbrunnen

Beeindruckende Wasserkunst

Wasserkraft und -pracht haben Augsburg entscheidend geprägt: zu Beginn mit der römischen Stadtgründung am Zusammenfluss von Lech und Wertach, ab dem Mittelalter mit der fortschrittlichen Trinkwasserversorgung durch die Wassertürme am Roten Tor (S. 88) und ganz massiv zu Zeiten der Industrialisierung, als das dichte Netz von Flüssen und Kanälen unzählige Mühlen und Fabriken antrieb – ohne die Wasserkraft wäre Augsburg nicht zu einer bedeutenden Textilmetropole geworden (S. 77).

Sichtbares Zeichen des Wasserreichtums sind auch die drei Prachtbrunnen in der Maximilianstraße, die Ende des 16. Jahrhunderts entstanden. Der **Augustusbrunnen** auf dem Rathausplatz wurde vom niederländischen Bildhauer Hubert Gerhard aus Bronze und Marmor errichtet. Er zeigt den römischen Kaiser und

Brunnenbach

Lech

Kaiser Augustus

Wertach

Singold

Stadtgründer, der den Arm zur feierlichen Ansprache an sein Heer hebt. Auf dem Beckenrand sitzen personifiziert die vier Augsburger Flüsse: Lech, Wertach, Singold und Brunnenbach. Im Mittelalter sorgten die aus ihren Brüsten spritzenden Frauenfiguren für Aufregung.

Wenige Jahre später entstand der **Merkurbrunnen** am Moritzplatz, ein Werk des berühmten Adriaen de Vries. Merkur, der Götterbote mit den Flügelschuhen, steht als Gott der Händler für Augsburg als Handelsstadt (S. 85).

Als letzter Prachtbrunnen wurde der ebenfalls von de Vries gestaltete **Herkulesbrunnen** in Betrieb genommen. Auf dem Pfeiler erschlägt der Halbgott die siebenköpfige Hydra mit einem ausgerissenen Olivenbaum (Foto S. 19). Den Gänsen am Brunnen ergeht es nicht besser als der Wasserschlange: Sie werden von Amor-Putten gewürgt oder erstochen und dienen wie die grazilen Nymphen und Meeresgötter als Wasserspeier.

Rathausplatz – Maxstraße
Ⓗ „Rathausplatz", Linien 1, 2

Die kostbaren Originalbrunnenfiguren sind im Maximilianmuseum (S. 78) zu sehen – Luftverschmutzung, Wind und Wetter müssen so nur die Nachbildungen ertragen.

Handwerkermuseum im Brunnenmeisterhaus

Wassertürme

Das älteste Wasserwerk Deutschlands

Die Wassertürme bilden mit dem Roten Tor ein einzigartiges Ensemble, das man bei Gelegenheit unbedingt besuchen sollte. Der große Turm ist bereits gut 600 Jahre alt und ist Teil des ältesten Wasserwerks Deutschlands und wohl auch Mitteleuropas. Die Technik der Augsburger Trinkwasserversorgung und der Brunnen war damals bahnbrechend und beeindruckte ganz Europa.
Um das Wasser auf die Stadt zu verteilen, musste ein künstliches Gefälle erzeugt werden, also pumpten mechanische Fördereinrichtungen Quellwasser auf den Turm, um es von dort in ein ausgeklügeltes Leitungssystem zu speisen. Schon im 18. Jahrhundert war das Röhrensystem in Augsburg 36 Kilometer lang!

Hahn auf, Wasser marsch – was heute für alle selbstverständlich ist, war damals noch undenkbar: Bis ins 16. Jahrhundert

Großer & Kleiner Wasserturm, rechts die Spitzen von Rotem Tor und Spitalturm

zapften die Augsburger ihr Trinkwasser an öffentlichen Brunnen ab. Erst später gab es private Brunnen – allerdings nur für gut betuchte Haushalte. Ein ziemliches Luxusobjekt war der rote Kastenturm, der als letzter Wasserturm der Anlage entstand. Er versorgte hauptsächlich die Prachtbrunnen in der Maximilianstraße und zeigt, wie wichtig den Augsburgern schon damals ihr Wasserreichtum und ihre Brunnen waren.

Unterhalb der Wassertürme liegt das Brunnenmeisterhaus, in dem heute das Schwäbische Handwerkermuseum untergebracht ist, das nachgebildete Werkstätten alter Handwerksberufe zeigt.

Rote-Torwall-Straße
monatlich öffentliche Führungen in den Wassertürmen (Seite 160)
Handwerkermuseum: Mo/Di 9–12 Uhr, Mo–Fr 13–17 Uhr, Eintritt kostenlos
Ⓗ „Rotes Tor", Linien 2, 3, 6

Schon früh achtete man darauf, den Trinkwasser liefernden Brunnenbach von den restlichen Bächen zu trennen, z. B. mittels des Aquäduktes, das noch in den Wallanlagen zu sehen ist.

Prächtig anzusehen: Herkulesbrunnen vor dem Schaezlerpalais

Schaezlerpalais

Prunk und Pracht des Rokoko

An zentraler Stelle an Augsburgs Prachtmeile gelegen, ist das Schaezlerpalais der bedeutendste Rokokobau der Stadt. Er befand sich bereits seit 1821 in Familienbesitz, als die Schaezlers ihn 1958 der Stadt Augsburg schenkten – zur Erinnerung an ihre beiden im Zweiten Weltkrieg gefallenen Söhne und unter der Bedingung, dass das Gebäude kulturell genutzt und niemals verkauft werde. Heute befinden sich hier der Rokokofestsaal, die Deutsche Barockgalerie und die Grafische Sammlung.

Der wertvollste erhaltene **Festsaal** seiner Zeit, der Rokokosaal (Bild S. 22), erstreckt sich über zwei Stockwerke und beeindruckt mit Stuckarbeiten der Brüder Feichtmayr und einem großartigen Deckenfresko des römischen Künstlers Guglielmi. Thema des Gemäldes ist die weltweite Macht des europäischen Handels. In der

Dürers Porträt von Jakob Fugger in der Staatsgalerie

Deutsche Barockgalerie

Bildmitte thront Europa, umgeben von Afrika, Asien und Amerika – Australien fehlt. Die ursprünglich 365 Kerzen im Saal versinnbildlichten die Tage eines Jahres – die sind zwar nicht weniger geworden, aber von den Kerzen gibt es heute nur noch 338.

In der **Deutschen Barockgalerie** sind gut 100 Meisterwerke aus der Zeit vom 16. bis 18. Jahrhundert zu sehen. Über das Schaezlerpalais ist außerdem der Zugang zur **Staatsgalerie Alter Meister** in der Katharinenkirche möglich. Im Zentrum der dortigen Sammlung stehen Dürers Porträt von Jakob Fugger dem Reichen sowie die weltberühmte Bilderfolge der römischen Basiliken von Hans Holbein d. Ä. und Hans Burgkmair.

Auf der Südseite des Palais liegt ein schöner Rokokogarten, den man auch ohne Museumseintritt besuchen kann!

Maximilianstraße 46
Di–So 10–17 Uhr
Ⓗ „Moritzplatz", Linien 1, 2
www.kunstsammlungen-museen.augsburg.de

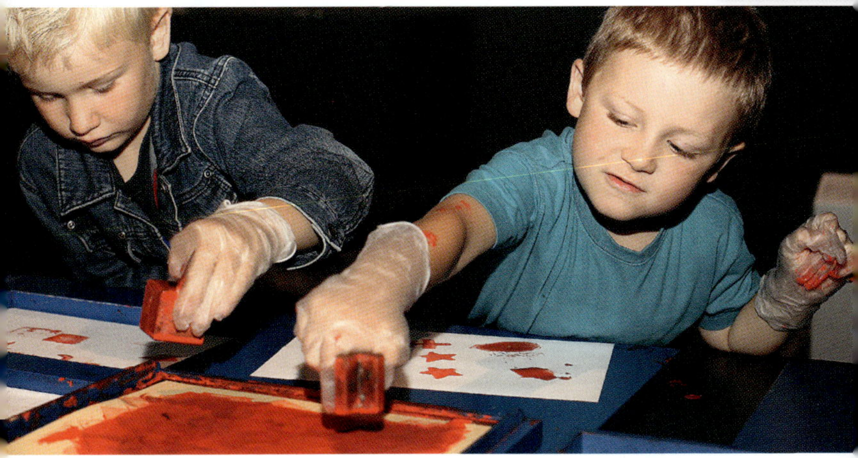

tim

Europas bestes Technik- und Industriemuseum

Augsburg war über mehrere Jahrhunderte ein Zentrum der europäischen Textilindustrie. Was das für die Menschen und die Stadt bedeutete, wird auf 2500 qm unter dem Motto „Mensch, Maschine, Muster und Mode" im tim beleuchtet. Das Industriezeitalter führte zu radikalen Veränderungen, die durch die bewegten Lebensgeschichten von Arbeitern, Bankiers oder Unternehmern geschildert werden. In der Museumsfabrik demonstrieren ratternde, alte Webmaschinen frühere Arbeitsbedingungen. Ein Mitmachpfad lädt dazu ein, selbst Stoff zu bedrucken, einen Faden zu spinnen oder Wolle zu kämmen. Und auf eine riesige Damenfigur lassen sich digitalisierte Stoffmuster projizieren – im tim kann man selbst aktiv werden. Herzstück der Dauerausstellung sind mehr als 550 Musterbücher der Neuen Augsburger Kattunfabrik. Sie spiegeln über 200 Jahre Design und Mode made in Augsburg wider, sind aber nur zum Teil ausgestellt.

Provinostraße 46
Di – So 9 – 18 Uhr
Ⓗ „Textilmuseum", Linie 6
www.timbayern.de

Die Webmaschinen in der Museumsfabrik produzieren heute Handtücher und mehr für den Museumsshop!

Hans Jakob Fugger vor dem Maximilianmuseum

Maximilianmuseum

Historisch und modern

Das Maximilianmuseum bietet Wissens- und Sehenswertes zu Stadtgeschichte und Kunsthandwerk. Es ist in zwei alten Patrizierhäusern mitten im historischen Zentrum am Fuggerplatz untergebracht. Vor dem Eingang erinnert ein großes Denkmal nicht an den berühmten Jakob Fugger, sondern an Hans Jakob, seinen Großneffen, der ein Förderer der Künste und Wissenschaften war. Ein glasüberdachter Innenhof, der nach dem Stifter Viermetz benannt wurde, präsentiert die originalen **Statuen der Prachtbrunnen** von Adrian de Vries und Hubert Gerhard.

Die erste Etage befasst sich mit der Stadtgeschichte: Besonders spannend ist hier die weltweit einzigartige **Modellkammer.** Sie zeigt Modelle und Entwürfe, die in Augsburg seit der Renaissance von wichtigen Bauprojekten gesammelt wurden: Architektur-

Die historische Modellkammer – weltweit einzigartig

modelle von Rathaus und Türmen, Holzmodelle der damaligen Pump- und Brunnenwerke und vieles mehr.

Weiteres Highlight sind die Meisterwerke der **Gold- und Silberschmiedekunst** – schließlich war die Fuggerstadt vom 16. bis 19. Jahrhundert die bedeutendste Goldschmiedemetropole Mitteleuropas! Augsburger Werkstätten produzierten Teller und Tischschmuck, Pokale und Schalen für jeden, der Rang und Namen in Europa hatte – oder eben das nötige Kleingeld. Ein wertvolles Service wurde z. B. für die russische Zarin hergestellt. Augsburg war auch ein Zentrum für die Herstellung mathematischer, physikalischer und astronomischer Instrumente, die in einer eigenen Ausstellung zu sehen sind.

Fuggerplatz 1
Di–So 10–17 Uhr
Ⓗ „Rathausplatz",
Linien 1 und 2
www.kunstsammlungen-museen.augsburg.de

Das Münzkabinett zeigt eine Auswahl Augsburger Münzen und Medaillen von der Spätgotik bis ins frühe 19. Jahrhundert.

Puppenkiste

Helden unserer Kindheit

Jim Knopf und Lukas der Lokomotivführer, Kasperl, Urmel aus dem Eis oder Kater Mikesch – sie alle waren und sind Helden unzähliger Kinder. Da wundert es kaum, dass die Puppenkiste zu den ersten Zielen vieler Augsburg-Besucher gehört. Im **Museum „Die Kiste"** kann man die Stars an Fäden endlich einmal persönlich treffen. Außerdem gibt es Informationen zur Gründerfamilie Marschall, die auch heute noch die Puppenkiste leitet. Bereits 1948 fing mit dem „Gestiefelten Kater" alles an. Hannelore Marschall-Oehmichen, Mutter des heutigen Leiters Klaus Marschall, führte damals die Fäden und war in den folgenden Jahrzehnten für das Schnitzen der Figuren zuständig. Ihre Eltern hatten die Puppenkiste ins Leben gerufen.

„Die Kiste" und die Aufführungsräume sind im historischen **Heilig-Geist-Spital** in der Altstadt untergebracht. Das gesamte Ensemble bis zum Roten Tor (S. 88) wurde vom berühmten Renaissance-Architekten Elias Holl gebaut. Der Name „Puppenkiste" geht auf Walter Oehmichen zurück: Nachdem sein ursprünglicher Puppenschrein – eine kleine Bühne, die in einem Türrahmen aufgebaut werden konnte – zerstört worden war, sollte sein neues Marionettentheater komplett Platz in einer Kiste finden, um so immer leicht transportfähig zu sein. Für den

Im Museum kann man alle Stars noch einmal treffen.

wichtigsten Transport sorgte dann aber ab den sechziger Jahren das Fernsehen, das die kleinen Stars an Fäden in die heimischen Wohn- und Kinderzimmer brachte. Bis heute sind die **Kistendeckel** mit dem schräg gedruckten Schriftzug das Markenzeichen des Theaters.

Was viele nicht wissen: Bei der Puppenkiste stehen nicht nur Kindermärchen, sondern auch **Stücke für Erwachsene** auf dem Programm (z.B. das immer gut besuchte Kabarett). Karten können online gebucht werden – unbedingt frühzeitig! Ein Bistro bietet kleine Snacks und im Fanshop kann man sich mit DVDs, Büchern, Postern, T-Shirts und Plüschfiguren ausrüsten.

Spitalgasse 15
Vorstellungen laut Spielplan
Museum: Di – So 10 –19 Uhr
Ⓗ „Rotes Tor", Linien 2, 3 und 6
www.augsburger-puppenkiste.de

Urmel, Jim Knopf und Co. waren reine Fernsehproduktionen und können technisch und zeitlich nicht auf der Bühne der Puppenkiste aufgeführt werden.

Besonders beeindruckend: der fossile Urelefant

Naturmuseum

Besuch bei Seepferdchen & Säbelzahntiger

Riesen-Tausendfüßler, Flugsaurier und ein gigantisches Elefantenskelett – das Naturmuseum beeindruckt mit einer deutschlandweit einzigartigen Molasse-Ausstellung. Die Molasse ist eine Bodenschicht, die für einen großen Teil Süddeutschlands den Untergrund bildet. Über Millionen von Jahren waren Pflanzen und Tiere in dieser Erdschicht eingeschlossen. Im Naturmuseum sind sie in einem Nachbau ihrer Lebenswelt zu bestaunen. Am ersten Sonntag im Monat gibt es um 14 Uhr eine Familienführung zu ermäßigten Preisen durch alle Ausstellungsbereiche.

Ludwigstraße 14
Di – So 10 – 17 Uhr
Ⓗ „Karlstraße", Bus 22 und 23, „Theater", Linie 4
www.augsburg.de/kultur/museen/naturmuseum

Geheimnisse des Weltalls erkunden – ein Spaß für Groß und Klein

Planetarium

Den Sternen ganz nah

Im Gebäude des Naturmuseums ist auch das Planetarium der Sparkasse untergebracht. Der Kuppelsaal bietet eine faszinierende Reise durchs All unter einem naturgetreuen Sternenhimmel. Die öffentlichen Vorführungen (Di – So, ca. 60 min) können ohne Voranmeldung besucht werden. Spannende **Kinder- und Familienshows** bieten auch schon für die Kleinsten (ab 4 Jahren) ein unterhaltsames Programm. In der live moderierten Kids Night erkunden junge Sternenforscher z. B. die Milchstraße, auffällige Sternbilder und andere Planeten. Nicht entgehen lassen: die Achterbahnfahrt mit der Linie 7!

Ludwigstraße 14
Programminfo: 08 21/324 67 40
Ⓗ „Karlstraße", Bus 22 und 23, „Theater", Linie 4
www.s-planetarium.de

Das „Römerlager" in der Toskanischen Säulenhalle im Zeughaus

Römisches Museum

Kaiser Augustus und Co.

Damit das Museum in der Dominikanerkirche gründlich saniert werden kann, ist übergangsweise im Zeughaus die Sonderausstellung „Römerlager. Das römische Augsburg in Kisten" zu sehen. Auf 777 qm führen die sechs Themen Stadtgründung, Militär, Handel, Verkehr, Götter, Zivilleben und Abschied den Besucher durch das römische Augsburg. In Sonderbereichen werden Skulpturen aus Privatsammlungen und sog. „Gemmen" (kleine Schmucksteine mit eingeschnittenen Bildmotiven) gezeigt – per Touchscreenmonitor lassen sich diese kleinsten Exponate groß und im Detail anzuschauen.

Römerlager in der Toskanischen Säulenhalle im Zeughaus (Zeugplatz 4)
Die – So 10 – 17 Uhr
Ⓗ „Moritzplatz", Linien 1 und 2
www.kunstsammlungen-museen.augsburg.de

Interaktive Bereiche machen Geschichte auf neue Art erfahrbar.

Fugger und Welser
Erlebnismuseum im Wieselhaus

Im renovierten Wieselhaus, dem einzigen noch originalen Augsburger Renaissancebau, zeigt das Fugger- und Welser-Erlebnismuseum die Geschichte der international tätigen Handelshäuser auf. Die beiden Familien aus Augsburg haben nicht nur die weltweite Wirtschaftsgeschichte, sondern auch die europäische Politik der frühen Neuzeit maßgeblich geprägt. Der Fokus liegt auf den Hauptakteuren: Jakob Fugger der Reiche und Bartholomäus Welser V. Ein spannendes, alle Sinne ansprechendes Erlebnisangebot zu den verschiedenen Themenbereichen des Museums soll alle Altersklassen begeistern.

Äußeres Pfaffengäßchen 23
Die – So 10 – 17 Uhr
Ⓗ „Mozarthaus", Linie 2
http://fugger-und-welser-museum.com

Die ehemalige Bischofsresidenz ist heute Sitz der Regierung von Schwaben.

Fronhof

Prunk und Protestanten

Der Fronhof ist frei zugänglich und im Sommer stimmungsvolle Kulisse für die klassischen „Konzerte im Fronhof". Neben der Parkanlage sind der „Prunkaufgang" im Treppenhaus mit Fresken von Johann Georg Bergmüller sowie der Rokokosaal sehenswert. Leider sind beide nur zu Veranstaltungen geöffnet. An diesem Ort wurde im Vorgängerbau 1530 die Confessio Augustana, das „Augsburger Bekenntnis" der lutherischen Protestanten, verkündet. Am „Pfalzturm" erinnert heute eine Tafel an dieses Ereignis. Fronhof heißt der Ort übrigens, weil hier im Mittelalter der Vogt einen Sitz hatte, der für den Kaiser die Fron (Steuern) eintrieb.

Fronhof
(H) „Stadtwerke/Dom", Linie 2
www.konzerte-im-fronhof.de | www.regierung.schwaben.bayern.de

Der Hofgarten – ein Lieblingsplatz der Augsburger

Hofgarten

Residieren im Paradies

Der Hofgarten gehört zu den heimlichen Lieblingsorten der Augsburger. Einst Teil der bischöflichen Residenz ist der Hofgarten heute für alle frei zugänglich und präsentiert sich als kleines Paradies: Inmitten von Tulpen- und Ginkgobäumen, Hibiskussträuchern und bunten Blumenbeeten sprudelt ein großer Springbrunnen. Daneben leben Zierfische und europäische Wasserschildkröten in einem Seerosenteich. Über die Besucher wachen barocke Steinzwerge. Und damit's auch allein nicht langweilig wird, gibt es einen **offenen Bücherschrank**: Jeder kann Bücher entnehmen oder dazu stellen.

Hofgarten
April – Oktober 8 – 21 Uhr
Ⓗ „Stadtwerke/Dom", Linie 2

Rotes Tor

In den Rote-Tor-Anlagen

Rote-Tor-Anlagen

Der vielleicht schönste Teil der Stadtmauer

Die Wallanlagen mit dem Roten Tor, den Wassertürmen (S. 72), dem Kräutergarten und der Freilichtbühne (S. 118) sollte man auf jeden Fall besuchen. Das **Rote Tor** liegt in unmittelbarer Nähe zur Puppenkiste (S. 80) und sicherte früher den südlichen Zugang zur Stadt. Von den Wallanlagen aus kann man an der Rückseite der Freilichtbühne das Aquädukt sehen, das früher wie heute Wasser in die Stadt bringt. Unten in den Grünanlagen fließt ein weiteres reizvolles Bächlein, das zum Kräutergarten (S. 89) und dem neueröffneten **Lummerlandspielplatz** führt. Alle zwei Jahre findet inmitten der alten Gemäuer das Historische Bürgerfest (S. 114) statt.

Rote-Torwall-Straße
Ⓗ „Rotes Tor", Linien 2, 3 und 6

Blütenpracht im Kräutergarten

Kräutergarten

Ruheoase mitten in der Stadt

Auch für manche Augsburger noch ein echter Geheimtipp: Etwas versteckt in den Wallanlagen am Roten Tor liegt der wunderschöne Kräutergarten. Hier gibt es alle **Küchenkräuter und Heilpflanzen**, die das Herz begehrt: unzählige Minzarten, Koriander, Schnittlauch, verschiedene Salbeisorten und einiges mehr. Das Beste: Besucher dürfen sich für den Eigengebrauch bedienen. Der Kräutergarten ist aus dem ehemaligen Gemüsegarten des nahen Heilig-Geist-Spitals entstanden. Von dort gelangt man über eine Treppe in den Kräutergarten, von der Ostseite nahe der Remboldstraße führt eine kleine Brücke herüber.

Remboldstraße
Oktober – April
Ⓗ „Margaret", Bus 32 oder „Rotes Tor", Linie 2, 3 und 6

Wallanlage beim Lueginsland

Stadtmauer

Spazieren und Feiern in der Festung

Schon seit der Römerzeit war die Stadt durch Mauern und Gräben geschützt. Als im 16. Jahrhundert Augsburgs „Goldene Zeit" anbrach, wurden dann die Festungsanlagen verstärkt und die Bewaffnung verbessert. Die Tore modernisierte der berühmte Renaissance-Baumeister Elias Holl, der um diese Zeit auch das imposante Augsburger Rathaus errichtete. Heute dient die Stadtmauer vor allem als Kulisse für historische Feste (S. 114) und Spaziergänge (S. 37). Der westliche Teil der historischen Mauern wurde im 19. Jahrhundert abgetragen. Im Norden und Osten sind sie weitestgehend erhalten, einschließlich der fünf Stadttore (Jakobertor, Vogeltor, Rotes Tor, Fischertor, Wertachbrucker Tor).

Rund um die Altstadt, z. B. „Spaziergang entlang der Stadtmauer", S. 37
Ⓗ z.B. „Fischertor", Linie 2, „Jakobertor", LInie 1, „Rotes Tor", Linie 2, 3 und 6

Wasserwege in Augsburgs Altstadt

Lechviertel

Kleine Bäche und enge Gassen

Eine der schönsten Ecken für einen Bummel durch Augsburgs Altstadt ist mit Sicherheit das Lechviertel. **Unzählige Bäche und Kanäle** durchziehen die Straßen, das Wasser glitzert in der Sonne und plätschert gemächlich dahin. Kleine, inhabergeführte **Läden und Handwerksbetriebe,** lauschige Cafés und Restaurants, enge Gassen und unerwartete Wege – wer etwas Zeit mitbringt, sollte im Lechviertel unbedingt selbst auf Entdeckungstour gehen. Besonders beliebt – vor allem samstags zu Shoppingzeiten – ist der Weg vom Moritzplatz über den Judenberg zur City-Galerie. Für einen süßen Energieschub zwischendurch bietet sich ein Zwischenstopp bei BitterSüß (S. 146) an.

Ⓗ „Moritzplatz", Linien 1 und 2, „Barfüßerbrücke", Linie 1
www.altstadt-augsburg.de

Auf Tuchfühlung: Kattas im begehbaren Gehege

Zoo

Besuch in der Wildnis

Rund 1600 Tiere leben im Augsburger Zoo. Herzstück ist ein großes **Afrika-Panorama**, aber auch die begehbare **Katta-Anlage** ist sehr beliebt: Die kleinen Lemuren huschen und tollen zwischen den Menschen herum. Auch die Robben- und Pelikanfütterungen um 14 und 15:30 Uhr sollte man fest einplanen. Kinder können mit dem Zoo-Bähnle fahren oder sich auf dem großen Abenteuerspielplatz beim Streichelgehege austoben. Jährlicher Besuchermagnet: die **Dschungelnacht** Ende Juli mit Gauklern, Künstlern und Feuershow.

Brehmplatz 1
tägl. ab 9 Uhr geöffnet: Jan./Feb./Nov./Dez. bis 16:30 Uhr, März bis 17 Uhr, April/Mai bis 18 Uhr, Juni/Juli/Aug. bis 18:30 Uhr, Sept. bis 18 Uhr, Okt. bis 17 Uhr
(H) „Zoo", Bus 32
www.zoo-augsburg.de

Zu allen Jahreszeiten sehenswert: der Japangarten

Botanischer Garten

Naturidyll und Ruheoase

Mehr als 3000 Pflanzenarten wachsen im Botanischen Garten. In mehreren Themengärten findet jeder seinen persönlichen Lieblingsplatz. In der Pflanzenwelt unter Glas wird die Flora aus Steppe, Savanne und Tropen zum Leben erweckt. Publikumslieblinge sind jedes Jahr die Schmetterlinge, die von Februar bis März in der Tropenhalle fliegen. Beliebte Veranstaltungen sind auch der internationale Jazzsommer im Rosengarten (S. 114), das Augsburger Kinderfriedensfest am 8. August und die Lichterabende.

Dr.-Ziegenspeck-Weg 10
tägl. ab 9 Uhr geöffnet: März bis 18 Uhr, April bis 19 Uhr, Mai – 15.8. bis 21 Uhr, 16.8. – 15.9. bis 20 Uhr 16.9. – 15.10. bis 18 Uhr, 16.10. – 28.2. bis 17 Uhr
Ⓗ „Zoo", Bus 32
www.botanischer-garten-augsburg.de

Mozartstele im Fronhof

Mozart

Wo alles seinen Anfang nahm

Eines der größten Musikgenies der Welt hat hier seinen Ursprung: Leopold Mozart, Vater von Wolfgang Amadé, wurde 1719 in Augsburg geboren. Sein **Geburtshaus** zeigt zahlreiche Stiche, Handschriften, Notationen und Musikinstrumente. Das Wunderkind selbst war fünf Mal in der Vaterstadt. Ihm zu Ehren findet hier jährlich das **Mozartfest** statt (S. 115). Bei einer **Erlebnisführung** der Regio (S. 161) plaudert Mozarts Kusine, das sogenannte „Bäsle", aus dem Nähkästchen über ihren „Wolferl", der mit ihr das erste erotische Abenteuer erlebte.

Mozarthaus
Frauentorstraße 30
Di – So 10 –17 Uhr
Ⓗ „Mozarthaus", Linie 2
www.kunstsammlungen-museen.augsburg.de

Brechthaus – Museum und Gedenkstätte für den weltberühmten Autor

Brecht

Augsburgs berühmtester Sohn

Das Geburtshaus von Bertolt Brecht im Lechviertel zeigt wertvolle Originale, Erstausgaben von Brechts Werken, seine Totenmaske und weitere Kunstwerke. Eine Präsenzbibliothek und eine Videoinstallation mit Dokumentarfilmen runden das Angebot ab. Brecht verbrachte in seinem Geburtshaus nur wenig Zeit. Seine gesamte Kindheit und Jugend lebte er in der Bleichgasse 2 am Oblatterwall nahe der Kahnfahrt (S. 97). In Gedenken an den weltberühmten Schriftsteller findet jedes Jahr das Brechtfestival mit einem vielseitigen Programm statt (S. 114).

Brechthaus
Auf dem Rain 7
Di – So 10 –17 Uhr
Ⓗ „Barfüßerkirche“, Linie 1

Beeindruckende Architektur: der Glaspalast

Glaspalast

Kunstmuseen

Anfang des 20. Jahrhunderts war hier die mechanische Spinnerei und Weberei Augsburg (SWA) untergebracht. Den Namen Glaspalast erhielt das Industriedenkmal durch die großflächige Verglasung, die das Tageslicht optimal ausnutzt. Heute ist hier Kunst zu Hause: Das **H2 – Zentrum für Gegenwartskunst**, das **Kunstmuseum Walter** (eine große private Sammlung), die **Staatsgalerie Moderne Kunst**, eine Zweigstelle der Pinakothek der Moderne in München, sowie die **Galerie Noah**.

Beim Glaspalast 1
H2: Di – So 10 – 17 Uhr | Kunstmuseum Walter: Fr – So, Fei 11 – 18 Uhr
Staatsgalerie: Di, Mi, Fr – So 10 – 18 Uhr, Noah: Di – Do 11 – 15, Fr – So bis 18 Uhr
Ⓗ „Glaspalast", Bus 33
www.glaspalast-augsburg.de

Einer der romantischsten Orte Augsburgs: die Kahnfahrt

Kahnfahrt

Idylle an der Stadtmauer

Die warmen Sommertage am Stadtgraben liebte schon der junge Brecht, der nicht weit von hier aufwuchs und im Schatten der mächtigen Kastanienbäume mit seiner Jugendliebe anbandelte. Viel geändert hat sich nicht: die Kahnfahrt gehört noch immer zu den romantischsten Orten Augsburgs. Im Biergarten kann man direkt am Wasser sitzen und die sich wiegenden Boote beobachten. Selbst erkunden sollte man den Stadtgraben aber auf jeden Fall: Ruder-, Tret- und Elektroboote stehen zur Ausleihe bereit und kosten ab 4,50 € pro halbe Stunde.

Riedlerstraße 11
Ende März – Anfang Oktober 11 – 23 Uhr,
Ⓗ „Jakobertor", Linie 1
www.augsburger-kahnfahrt.de

Naherholung

Augsburg ist eine der grünsten Städte der Welt und hat mit den „Westlichen Wäldern“ ein riesiges Naherholungsgebiet direkt vor der Haustür. Lech und Wertach sowie eine Vielzahl von Bächen und Kanälen prägen das Stadtbild und lassen Augsburg auf die Anerkennung als UNESCO-Welterbe hoffen.

Der Kuhsee – Augsburgs beliebtester Badesee

Kuhsee

Sommerfrischler trifft Olympia

An heißen Sommertagen gibt es für viele Augsburger nur ein Ziel: den Kuhsee! Als er noch kein Badesee war, wurden Kuhherden zum Tränken hierher gebracht – heute bevölkern menschliche Besucher See und Ufer und finden alles, was ein sonniger Urlaubstag so braucht: einen großen Kinderspielplatz, Beach-Volleyball-Feld, Tischtennisplatten, Bootsverleih, einen Trimm-Dich-Pfad, Kiosk, Restaurant, Grillplätze am südlichen Ufer und ausreichend Parkplätze. Der See lässt sich auch bei einem gemütlichen Spaziergang umrunden. Direkt an den See schließt sich der Hochablass an. Hier wird der Lech aufgestaut und ein Teil seines Wassers umgeleitet, um die Kanäle in der Stadt mit Wasser zu versorgen. Bei gutem Wetter herrscht am Hochablass ein ständiges Kommen und Gehen von Radfahrern und Spaziergängern, die das Hinabrauschen der

Hochablass

Eiskanal

gewaltigen Wassermassen beobachten. Ein paar Meter weiter geht es ebenfalls turbulent zu: in der Wildwasseranlage des Eiskanals kämpfen immer wieder Kanuten aus vielen Ländern um den Welt- oder Europameistertitel. Oft sieht man Spitzensportler auf dieser ehemaligen Olympiastrecke trainieren.

Der Hochablass markiert den Beginn der modernen Wasserversorgung in Augsburg. Das alte Wasserwerk dient heute als Technikmuseum und kann im Rahmen von Führungen der Stadtwerke besichtigt werden.

Bootsverleih bei guter Witterung im Sommer 8–19 Uhr
Führungen im Wasserwerk:
www.sw-augsburg.de
www.seelounge-kuhsee.de
www.am-kuhsee.de
www.eiskanal-augsburg.de
Ⓗ „Hochzoll/Kuhsee", Bus 29 oder 30

An der Ostseite des Hochablasses wurde ein neues, vollständig unter Wasser liegendes Wasserkraftwerk mit zwei Turbinen gebaut, das 4000 Haushalte mit Strom versorgen soll.

Lechkiesel

Lech und Wertach

Zurück zum Ursprung

Ihre Gründung verdankt die über 2000 Jahre alte Stadt Augsburg auch ihren beiden größten Flüssen: Lech und Wertach. Sie fließen im Norden des heutigen Stadtgebiets zusammen. Die Römer nutzten sie als Transportwege und konnten über Lech und Donau Waren bis zum Schwarzen Meer befördern.

Früher war der Lech ein ungebändigter Wildfluss, der sich durchs Voralpenland schlängelte – mit breitem Flussbett und ausladenden Kiesbänken. Nach Begradigung und Kanalisierung ist davon nicht mehr viel geblieben. Das Projekt „Licca liber" (der freie Lech) möchte das ändern und den Fluss in einen naturnahen Zustand zurückführen – ein Wunsch, den auch viele Augsburger unterstützen. Schon jetzt ist der Fluss ein beliebtes Erholungsgebiet: Sobald das Thermometer steigt, nutzen die

Lech im Naturschutzgebiet „Stadtwald Augsburg"

Augsburger die Kiesbänke zum Sonnenbaden und Abkühlen oder fahren mit dem Rad den Lech entlang (z.B. bis zum Kuhsee, S. 100, oder aufwärts zu den Staustufen). Auf seinem Weg aus den Alpen trägt der Fluss abertausende von Lechkieseln mit sich, von denen wahrscheinlich keine zwei gleich aussehen.

Was beim Lech noch Zukunftsmusik ist, wurde bei der Wertach bereits z. T. umgesetzt: Im Rahmen von „Wertach vital" wurde der Fluss seinem ursprünglichen Zustand ein Stück näher gebracht und gehört heute zu den beliebtesten Naherholungszielen. Pflichtstopp bei einem Spaziergang an der Wertach in Göggingen ist die Kulperhütte (S. 134), ein netter, kleiner Biergarten direkt am Wasser.

www.wwa-don.bayern.de
Ⓗ zum Lech z. B. „Lechhausen Brücke", Linie 1,
zur Wertach z.B. „Luitpoldbrücke", Linie 3

Der Name Lech bedeutet wohl „der Steinige", Wertach „kräftig" oder „schnell".

Grün mitten in der Stadt: Radeln entlang der Wertach

Radwege

Durch Natur und Kultur

Augsburg und seine Umgebung lassen sich hervorragend per Rad erkunden. Die Stadt ist relativ flach, lediglich die Höhenrücken, die Lech und Wertach in den Boden gegraben haben, lassen den Puls kurzzeitig ansteigen. Die Augsburger sind deshalb auch im Alltag fleißige Radler und haben nun sogar das ehrgeizige Ziel ausgesprochen, den Radanteil im Verkehr bis 2020 auf mindestens 25 % (von derzeit 15 %) zu steigern.

Auch der Tourismusverband hat dieses Potential entdeckt und neben der berühmten Via Claudia einige Radwege entwickelt, auf denen man so manche Sehenswürdigkeit entdeckt: Wissbegierige Radler strampeln entlang der 6,3 km langen Stadtrundfahrt vorbei an Augsburgs Sehenswürdigkeiten. Leider ist die Runde nicht eigens ausgeschildert, man kann sich aber an der Routenbeschrei-

Biergarten in Oberschönenfeld

bung in der Broschüre Radlerlust orientieren. Wem das zu wenig ist, der sollte die Radwege entlang von Lech („Romantische Straße" oder „Auf römischen Spuren") und Wertach („Wertach-Radtour") nutzen. Besonders reizvoll im Sommer ist die 5-Seen-Route, die auf schattigen Wegen zu den Badeseen Augsburgs führt.

Sportlicher geht es im Naturpark Augsburg – Westliche Wälder zu. Das „Einfahrtstor" in den Naturpark ist ein Radweg auf der ehemaligen Trasse der Weldenbahn, der auch bei Skatern sehr beliebt ist. Die Radrouten sind einfach und gut ausgebaut, aber im hügeligen Wald (z. B. rund um Burgwalden) finden auch Mountainbiker ein wahres Eldorado.

Broschüre „Radlerlust", www.tourismus-augsburg.de zum Download oder bei der Tourist-Information.

Ein beliebtes Ziel ist das Kloster Oberschönenfeld südlich von Diedorf, nicht zuletzt wegen des urigen Klosterstübles samt Biergarten: www.klosterstueble-oberschoenenfeld.de

Ein Spaziergang im Wald – der perfekte Feierabend für viele Augsburger

Siebentischwald

und Siebentischpark

Der Stadtwald ist nicht nur die grüne Lunge der Stadt, sondern bietet auch eine einzigartige Trinkwasserversorgung: Die Brunnen der Stadtwerke liefern reinstes Wasser und das ganz ohne Nachbehandlung.

Wasser begleitet Spaziergänger wirklich auf Schritt und Tritt durch den Wald. Wer etwas Zeit mitbringt, sollte dem sieben Kilometer langen Rundweg „9-Bäche-Tour“ (Start an der Sportanlage-Süd) bis zum Lech folgen. Schautafeln informieren über die Geschichte der Wasserläufe. Teilweise verläuft die Tour auch entlang der Lauschtour „WasSerleben in Augsburg“ (S. 162).

Ein kürzerer Spaziergang durch den Siebentischpark mit dem Schaezlerbrunnen führt zwischen Zoo und Botanischem Garten in den lichten Wald hinein. Hier wartet auch das „Parkhäusl“

Schaezlerbrunnen im Siebentischpark

(S. 133) mit Spielplatz, Minigolf und einer ordentlichen Brotzeit. Wer gut zu Fuß ist, folgt auf dem Rückweg den Fahrradschildern in Richtung Innenstadt (ca. 3 km) oder begleitet den Siebenbrunner- und den Zigeunerbach etwa einen Kilometer nach Süden, um den idyllischen Stempflesee zu erreichen.

Übrigens: Der Siebentischwald ist der nördliche Teil des Stadtwalds. Sein Name stammt von einer Gaststätte mit sieben Tischen, die im 19. Jahrhundert ein beliebtes Ausflugsziel war. Nach einem Bombenangriff 1944 riss man sie ab – der Name jedoch blieb.

von Westen: Ⓗ „Siemens", Linie 2 (Sportanlage Süd, hier findet man auch das DAV Klettercenter)
von Norden: Ⓗ „Zoo/Botanischer Garten", Bus 32
von Osten: Ⓗ „Hochzoll Kuhsee", Bus 29
www.wasserleben-augsburg.de
www.stadtwald.augsburg.de

Im DAV Klettercenter lassen sich im Indoor- und Outdoor-Bereich bis zu 12 m hohe Wände erklimmen. Passende Ausrüstung gibt's vor Ort!

Blühende Sumpf-Gladiolen

Königsbrunner Heide

Wilde Blumen und wilde Pferde

Ursprünglich floss der Lech (S. 102) durch das Gelände der Königsbrunner Heide. Er brachte neben Geröll auch Samen aus den Alpen mit. Daraus entstanden große Heideflächen, auf denen früher Schafe weideten. Von diesem ehemals großen Gebiet der Lechheiden ist heute nur noch 1 % übrig geblieben. Mittlerweile hat man die Bedeutung dieses Naturschatzes erkannt und hütet diese Restflächen sorgfältig. Besucher sollen deshalb auf den Wegen bleiben, Blumen pflücken ist natürlich untersagt.

Für Fotografen und Naturliebhaber ist der Spaziergang in die Heide auf jeden Fall lohnend: Auf ihrem Trockenrasen blühen wunderschöne Wildblumen, darunter verschiedene Orchideenarten und Enziane! Die Sumpf-Gladiole hat hier ihr größtes Vorkommen in Deutschland und zaubert im Juni und Juli viele bunte

Przewalski-Pferde

Farbtupfer auf die Heide. Auch eine Vielzahl an Schmetterlingen gibt es zu entdecken und wer etwas Glück und ein geübtes Auge hat, trifft vielleicht auf eine der beheimateten (aber ungefährlichen) Schlangenarten wie Blindschleiche oder Ringelnatter.

Einen Abstecher in den nördlich angrenzenden lichten Kiefernwald sollte man auf jeden Fall einplanen: Dort leben Przewalski-Pferde und Rotwild in Gehegen. Die seltenen Wildpferde helfen als „natürliche Rasenmäher" bei der Beweidung. (Weg um das Rotwildgehege ca. 1,3 km, Przewalskipferde ca. 1,5 km).

Anfahrt mit dem PKW bis zum Wasserhäuslparkplatz (Höhe Egerländerstr./Lechstr.) in Königsbrunn, oder Linie 2 bis Haunstetten Nord, dann Bus 734 Richtung Königsbrunn bis „Realschule" (zu den Gehegen etwa 750 m vom Parkplatz, 1,2 km vom Bus)
www.lpv-augsburg.de

Schwimmen gehen kann man im Sommer im nahen Ilsesee, dort gibt es zur Badesaison auch einen Kiosk (Fohlenhofstr. 46, Königsbrunn).

Die Westlichen Wälder erkunden – zu Fuß, per Rad oder mit dem Pferd

Westliche Wälder

Mittelschwabens einziger Naturpark

Vor den Toren Augsburgs liegt ein wahres Naturparadies: Zwischen dicht bewaldeten Höhen und grünen Tälern leuchten weiße Kirchtürme mit barocken Zwiebelhauben hervor. Verborgene Quellen und Brunnen, stille Weiher und glitzernde Bäche durchziehen das Land. Es ist das Land von Ganghofer und Mozart, das Land der Barockkirchen und Fuggerschlösser: der Naturpark Augsburg – Westliche Wälder. Er erstreckt sich auf rund 1200 km² zwischen den Flüssen Wertach, Schmutter, Mindel und Donau. Der waldreiche Norden des „Holzwinkel" bietet schöne Radwanderstrecken und ist Heimat des Autors Ludwig Ganghofer. Südlich davon schließt sich das weite Talbecken der Reischenau an, das durch Überschwemmungen der Zusam entstand. Mit seinen Wiesen, Mooren und seiner prächtigen Pflanzenwelt ist

Zedernsaal im Fuggerschloss Kirchheim: schönste Renaissance-Schnitzkunst

die Reischenau ein wahres Naturparadies. Highlight sind aber für viele Ausflügler die „Stauden" – Heimat der Familie Mozart und mit hügeliger Landschaft und idyllischen Bachtälern ein Kleinod für Augen und Gemüt. Rund 1500 km Rad- und Wanderwege, malerische Märkte und Dörfer sowie unglaublich schöne Kirchen, Klöster und Schlösser machen die Westlichen Wälder für die Augsburger zu einem Feriengebiet direkt vor der eigenen Haustür. **Besonders beliebte Ausflugsziele und Touren** sind die Klosteranlage in Oberschönenfeld (S. 170) mit verschiedenen Museen und gemütlichem Biergarten, das Anhauser Tal, das Fuggerschloss in Kirchheim mit dem berühmten Zedernsaal, das Naturfreibad in Fischach und der Besinnungsweg in Mittelneufnach.

Naturpark Augsburg – Westliche Wälder e.V.
Tel.: 08 21/31 02 22 78
www.naturpark-augsburg.de

Beim Naturparkverein sind verschiedene Tourenbroschüren, ein Freizeitführer und eine Wanderkarte erhätlich.

Ausgehen

In Augsburg lässt sich's leben: Plärrer und Bürgerfest, Open-Air-Kino und Theater, Cocktails schlürfen und tanzen – oder doch lieber nur gemütlich ein Bier unter schattigen Kastanien oder auf der Maximilianstraße genießen. Wir haben die schönsten Tipps für Sie zusammengestellt.

Historisches Bürgerfest

Veranstaltungen

Von Frühjahr bis Winter

Plärrer (Frühjahr und Herbst)

Schwabens größtes Volksfest mit großem Feuerwerk am Freitag und besonders familienfreundlichen Preisen am Mittwoch.

- ab Ostersonntag zwei Wochen, Ende August – Anfang Sept.
- ➲ www.augsburgerplaerrer.de

Herbst- und Frühlingsdult

Augsburgs größtes Freiluftkaufhaus zwischen Jakober- und Vogeltor.

- ab Karsamstag 16 Tage, Ende Sept. – Anfang Oktober
- ➲ www.augsburger-dult.de

Brecht-Festival

Jedes Jahr feiert Augsburg seinen berühmten Dichter und Denker anlässlich seines Geburtstags am 10. Februar mit einem kreativen Veranstaltungsprogramm.

- zehn Tage, Anfang Februar
- ➲ www.brechtfestival.de

Kabarett Tage

Die Kresslesmühle zählt mit den Kabarett Tagen im Frühjahr und Herbst zu den renommiertesten deutschen Kleinkunsttheatern.

- nach Fasching und September – November
- ➲ http://kresslesmuehle.de

Augsburg open

Vier Tage lang öffnen sich sonst verschlossene Türen: Über 300 Führungen erlauben u. a. einen Blick hinter die Kulissen von Rathaus, Theater und Polizei. Auf jeden Fall rechtzeitig anmelden, denn die „Highlights" sind immer schnell ausgebucht.

- im April
- ➲ www.cia-augsburg.de

Deutsches Mozartfest
Augsburg als Geburtsstadt Leopold Mozarts pflegt jährlich mit dem Mozartfest das Erbe der Mozarts.
im Mai
www.mozartgesellschaft.de

Modular-Festival
Popkulturfestival im Wittelsbacher Park mit Konzerten, Workshops, Ausstellungen und Poetry Slam.
drei Tage, meist Ende Mai
www.modularfestival.de

Lange Kunstnacht
Einmal im Sommer feiert Augsburg bis tief in die Nacht die schönen Künste in Museen, Kirchen und Höfen.
im Juni
www.langekunstnacht.de

Augsburger Jazzsommer
Stimmungsvolle Sommernachtskonzerte im Botanischen Garten und im Zeughaus.
Mitte Juli – Mitte August
www.augsburger-jazzsommer.de

Jakober Kirchweih
Augsburgs ältestes Volksfest in der Jakobervorstadt.
eine Woche Ende Juli
www.jakoberkirchweih.de

Grenzenlos im Gaspark
Buntes Festival mit Markt, Musik, Kunst, Comedy und Vorträgen vor der unverwechselbaren Kulisse des alten Gasparks.
zwei Wochen im Juni
www.grenzenlos-festival.de

Süddeutsche Karl May-Festspiele
Jedes Jahr im Sommer inszeniert die Western City Dasing ein Open Air-Spektakel rund um die

Grenzenlos-Festival

Geschichten Karl Mays.
Juni – September
www.karlmay-festspiele.de/

Lechflimmern
Tägliches Open-Air-Kino im Familienbad am Plärrer
Ende Juli – Anfang September
www.lechflimmern.de

La Strada
Internationale Straßenkünstler präsentieren Jonglage, Comedy und vieles mehr auf dem Holbeinplatz und am Rathaus. Eintritt frei!
Wochenende Ende Juli
www.cia-augsburg.de

Historisches Bürgerfest
Mit Rittern, Gauklern und Handwerkern wird In den mittelalterlichen Wallanlagen beim Roten Tor Augsburgs Blütezeit gefeiert.
alle zwei Jahre, Ende Juli
www.historisches-buergerfest.de

Turamichele-Fest: Der hl. Michael sticht auf den Teufel ein.

Historisches Fest am Wertachbrucker Tor

Historisches Fest am Wertachbrucker Tor mit Gauklern, Kriegern und Spielleuten.

Alle zwei Jahre, Anfang August

Hohes Friedensfest

Rund um das Friedensfest am 8. August (ein offizieller Stadtfeiertag zum Religionsfrieden 1555, S. 12!) findet ein buntes Rahmenprogramm statt. Höhepunkte sind das „Festival der Kulturen" und die „Friedenstafel" beim Rathaus.

ab Mitte Juli

➲ www.friedensstadt.augsburg.de

Ganzjährig einen Besuch wert: Die Bundesligaspiele der Augsburger Panther (Eishockey) und des FC Augsburg (Fußball) sowie die Kanuten am Eiskanal.

Turamichele

Großes Kinderfest vorm Rathaus rund um den Michaelitag am 29. September. An diesem Tag wird das Figurenspiel im Perlachturm gezeigt, bei dem der heilige Michael zu jeder vollen Stunde auf den Teufel einsticht – angefeuert von den zuschauenden Kindern.

um den 29. September

➲ www.augsburg.de

Riegele Honky Tonk

Kneipenfestival: Einmal bezahlt, kann man in allen teilnehmenden Kneipen Bands live erleben.

Anfang November

➲ www.riegele-honky-tonk.de

lab30

Junges und sehenswertes Festival für Elektronik- und Medienkunst im Kulturhaus Abraxas.

Oktober

➲ www.lab30.de

Christkindlesmarkt

Augsburg hat einen der schönsten und ältesten Weihnachtsmärkte Deutschlands. Rund um den Rathausplatz reihen sich über 150 festlich beleuchtete Stände aneinander. Wer es gerne etwas beschaulicher mag, findet auf dem Zeughausplatz eine Weihnachtsinsel (www.weihnachtsinsel.de) mit Kunsthandwerk und Bio-Imbiss. Kleine, aber feine Weihnachtsmärkte laden auch im benachbarten Friedberg und in der alten Klosteranlage Oberschönenfeld zum Bummeln ein.

Einmalig ist das **Engelesspiel** des Augsburger Christkindlesmarktes. 23 Engel, deren Kostüme einem Altarbild Hans Holbeins des Älteren nachempfunden sind, erscheinen dabei an den Fenstern und auf dem Balkon des Rathauses. Das Augsburger Engelesspiel findet am Freitag, Samstag und Sonntag um 18:00 Uhr statt. Außerdem wird das große Verwaltungsgebäude in einen riesigen Adventskalender verwandelt: Grafikstudenten der Hochschule Augsburg gestalten 24 Fenster, die jeweils um 16:45 Uhr geöffnet werden.

Ein echtes Muss für Kinder ist das **„Himmlische Postamt"**. Jeder hier abgegebene Brief kommt mit einem Poststempel aus dem österreichischen Ort „Christkindl" zurück – natürlich beantwortet!

- ab Montag vor dem 1. Advent bis Heiligabend
- www.augsburgerchristkindlesmarkt.com

Seit 2016 wegen Sanierung geschlossen: das Stadttheater am Kennedy-Platz

So ein Theater

Stadttheater und Freilichtbühne

Blickt man von der Fuggerstraße stadtauswärts, sieht man das imposante Stadttheater – für viele Augsburger wird der Blick ein wenig durch die umstrittene „Ostern"-Skulptur getrübt, die die Auferstehung darstellt und nach langer Diskussion vor dem Theater ihr Zuhause gefunden hat. Seit 2016 wird das Große Haus saniert, so dass die Produktionen auf verschiedene Spielstätten im gesamten Stadtgebiet verteilt werden (mehr Infos unter www.theater-augsburg.de).

Die wohl längste Bar Augsburgs hat der **Hoffmannkeller**, der mit 99 Sitzplätzen die „Experimentierbühne" des Theaters ist. Die Komödie im Lechviertel (S. 91) musste 2010 geschlossen werden. Als Ersatz entstand auf dem ehemaligen Parkplatz des Theaters die **Brechtbühne** mit 250 Sitzplätzen. Die gebogenen roten Blechpanelen wurden einem Theatervorhang nachempfunden.

Freilichtbühne am Roten Tor

Die Augsburger Philharmoniker sind nicht nur während der Opernaufführungen zu hören, sondern auch mit einer Sinfoniekonzertreihe im **„Kongress am Park"**. Das besondere Highlight im Theaterjahr ist aber die **Freilichtbühne** – mit 2100 Plätzen die größte im süddeutschen Raum und dennoch mitten in der Stadt. Mit ihrer malerischen Kulisse vor den historischen Wallanlagen am Roten Tor gehört sie zu den schönsten Sommerbühnen Deutschlands. Schon seit mehr als 80 Jahren führt das Theater hier von Mitte Juni bis Ende Juli Opern, Operetten und Musicals auf. Im August finden einzelne Gastspiele statt.

www.theater-augsburg.de
Kennedy-Platz 1,
Ⓗ „Theater", Linie 4,
zur Freilichtbühne „Rotes Tor", Linien 2, 3 und 6

Praktisch: Die Theaterkarten gelten gleichzeitig als Fahrschein im AVV-Gebiet. Zur Freilichtbühnenzeit zeigen kleine Fähnchen auf den Straßenbahnen, dass abends gespielt wird!

„Das Ding" von Philip Löhle – prämiert mit dem Augsburger Zukunftspreis 2013

Sensemble

Das Augsburger Uraufführungstheater

Das Sensemble-Theater ist eine freie Bühne, die ihre Heimat in der „Kulturfabrik" im Textilviertel gefunden hat. Hier werden vor allem zeitgenössische Stücke und verschiedene Formate des Improvisationstheaters gezeigt. Neben dem Theaterbetrieb, kleinen Festivals und besonderen Projekten gibt es auch ein regelmäßiges Musikprogramm mit Konzerten in der Theater-Bar sowie Workshops und Seminare rund um Schauspiel und Theater. An der Theater-Bar kann man einen schönen Abend bis 1 Uhr nachts ausklingen lassen und Gespräche mit den Schauspielern führen.

www.sensemble.de
Bergmühlstr. 34 | Ⓗ „Jakobertor", Linie 1 oder Bus 33 Ⓗ „Glaspalast"

Kulturhaus Kresslesmühle

Kulturhäuser

Kresslesmühle und Abraxas

In der **Kresslesmühle** schlägt das Augsburger Kleinkunst- und Kabarettherz. Die „Mühle" ist aus dem Kulturleben nicht mehr wegzudenken und fungiert als Kultur- und Begegnungsstätte, Kneipe, Musikbar und interkulturelles Zentrum. Mit dem nationalen Kabarettfestival im Frühjahr und Herbst gehört sie zu den renommiertesten Kleinkunstbühnen Deutschlands.

Etwas außerhalb der Stadt bietet auch das **Kulturhaus Abraxas** Theater, Tanz, Konzerte und Comedy. Das Junge Theater Augsburg bespielt hier eine Bühne und auf dem Außengelände verzaubert ein Märchenzelt ganzjährig Kinder und Erwachsene. Das Lokal „Der Rabe" bietet einen großen Biergarten und ausreichend Parkplätze.

www.kresslesmühle.de | Barfüßerstr. 4 | Ⓗ „Rathausplatz", Linie 1 und 2
www.abraxas.augsburg.de | Sommestr. 30 | Ⓗ „Thaddäus", Linie 2

Das Flair des Kurhaus macht Veranstaltungen zu etwas Besonderem.

Kurhaus

Multifunktionstheater aus der Gründerzeit

Ende des 19. Jahrhunderts war die in Göggingen beheimatete „Orthopädische Heilanstalt" von Friedrich Hessing Europas größte orthopädische Fachklinik – und auch heute noch gehört sie zu den besten. Zur Entspannung der Patienten ließ Hessing 1886 nach Plänen des Architekten Jean Keller ein Kurhaus bauen. Es entstand eine einzigartige Konstruktion aus Glas, Gusseisen und orientalischem Dekor, die schon damals mit moderner Technik ausgerüstet war. Heute beherbergt sie das **Parktheater** und ist Bühne für Theater, Konzerte, Revuen, Kabarett und Lesungen. Das Kurhaus und der angrenzende Park können täglich kostenlos besichtigt werden (9 –18 Uhr, nicht während der Aufführungen).

www.parktheater.de | Klausenberg 6
Ⓗ „Göggingen Rathaus", Linie 1

Gleich geht's los: Lechflimmern im Plärrer-Schwimmbad

Großes Kino

Die Qual der Wahl

Augsburgs Kinolandschaft kann sich sehen lassen: Das große **Cinemaxx** bei der City-Galerie bringt vor allem Blockbuster – natürlich auch in 3D. Etwas beschaulicher geht es im Programmkino **Liliom** zu. Der kleine idyllisch gelegene Backsteinbau beherbergt auch ein kleines Restaurant, in dem man nett draußen direkt am Stadtbach sitzen kann. Herzstück der Kinolandschaft ist das **Kinodreieck aus Thalia, Mephisto und Savoy**. Das Thalia bietet die größte Auswahl und ist auch wegen des dazugehörigen Kaffeehauses sehr beliebt (S. 136). Im Sommer Pflichtprogramm: das **Lechflimmern** (Open-Air-Kino, S. 115) im Plärrer-Schwimmbad.

www.lechflimmern.de | www.liliom.de | www.cinemaxx.de
Kinodreieck: Ⓗ „Rathausplatz", Linie 1, 2 | Liliom: Ⓗ „Pilgerhausstraße", Linie 1, Cinemaxx: Ⓗ „City-Galerie", Bus 22, 23 oder Shuttle ab Moritzplatz

Fuggerkeller

Für Feinschmecker

Gehoben essen

Es gibt keine aufrichtigere Liebe als die zum Essen, soll George Bernard Shaw einmal gesagt haben. Liebhaber der feinen Kost kommen auch in der Schwabenmetropole in ausgezeichneten Gourmetküchen und kleinen, feinen Restaurants auf ihre Kosten.

Drei Mohren (Maximilian's)

Das „beste Haus am Platz" ist das Hotel Drei Mohren in der Maximilianstraße. Im Restaurant MAXIMILIAN'S ermöglicht die integrierte Frontküche den Gästen, den Köchen bei der Zubereitung der Speisen zuzuschauen. Saisonale und regional wechselnde Gerichte, auch im Tapasformat, reichhaltige Auswahl an deutschen und internationalen Weinen.
Im exklusiven Fine Dining Sartory kann man anspruchsvolle Neuinterpretationen der bayerisch-schwäbischen Küche genießen. Es ist nach Johann Georg Sartory benannt, der im 19. Jahrhundert Küchenchef im „Gasthof zu den 3 Mohren" war und die althergebrachten Rezepturen als Anleitung herausbrachte – quasi der „Erfinder" der Schwäbisch-Bayerischen Küche.

➲ de.steigenberger.com/Augsburg/Steigenberger-Drei-Mohren
Maximilianstraße 40

Feinkost Kahn

Der Feinkostladen ist schon fast eine Institution in Augsburg und vor allem samstags zum Frühstücken sehr beliebt, unbedingt reservieren. Die Feinschmecker-Etage im 2. Stock bietet wöchentlich wechselnde Gerichte und ist nur mittags geöffnet.

➲ www.feinkost-kahn.de
Annastraße 40

Lustküche

Kleines, aber feines Restaurant in der Altstadt, bei dem der Name Programm ist. Bei den kreativen und wöchentlich wechselnden Mittags- und Abendkarten kommt garantiert Lust am Essen auf.

➲ www.restaurant-lustkueche.de
Mittlerer Lech 23

August

Kleines Gourmetrestaurant in der Jakobervorstadt und als eines von fünf in Bayern mit zwei Sternen des Guide Michelin ausgezeichnet. Für Genießer der gehobenen Küche ist Christian Grünwalds Restaurant ein Pflichtstopp. Einzigartig: das Ambiente in der historischen Haag-Villa.

➲ 08 21/3 52 79
Johannes-Haag-Straße 14

Fuggerkeller und Damenhof

Das gastronomische Konzept des Fuggerpalais ist vielseitig: Zuerst betritt man den Zofenhof, der im Sommer einen Biergarten beherbergt. Der anschließende Damenhof gilt als erster Renaissance-Prunkhof Deutschlands. Im Sommer werden hier bei mediterranem Flair nicht nur Kaffee und Kuchen, sondern auch exzellente Gerichte von der Tageskarte geboten.
Unten im Fuggerkeller genießt man in gediegenem Ambiente ganzjährig bayerisch-schwäbische Küche auf hohem Niveau zu vernünftigen Preisen, auch vegane Variationen werden geboten. Nachtschwärmer werden von der Champagner-Bar und den regelmäßigen Partys in den Fuggerkeller gezogen.

➲ 0821/43 08 51 52
Maximilianstraße 36

Die Ecke

Gleich unterhalb des Rathauses an einer Ecke gelegen. Hier kehrten schon zu Zeiten der Augsburger Reichstage Könige und Kaiser ein, später folgten Prominente wie Mozart, Diesel und Brecht – die illustre Gästeliste zeigt sich als Holzschnitzerei an der Fassade. Und auch heute sind die Eckestuben eine der kulinarischen Top-Adressen in Augsburg. Durch verschiedene Räume und Kunstwerke gelangt man zu einem idyllischen kleinen Innenhof. Umfangreiche Weinkarte.

➲ www.restaurant-die-ecke.de
Elias-Holl-Platz 2

Papageno

Gehört zu den beliebtesten Lokalen in Augsburg und bietet direkt neben dem Stadttheater gehobene Gasthausküche. Im Wintergarten, dem Papageno-Gourmet, werden nach Vorbestelllung Fünf- bis Sieben-Gänge-Menüs angeboten. Gutes Preis-Leistungs-Verhältnis.

➲ www.papageno-restaurant.de
Theaterstr. 8

Aufpassen: Bayern hat ein sehr strenges Rauchverbot: In öffentlichen Lokalen aller Art ist das Qualmen untersagt!

Dragone

Aus aller Welt

Pizza, Sushi, Falafel & Co.

Augsburg ist heute ein buntes Gemisch verschiedener Bevölkerungsgruppen – mehr als 40 % der Einwohner haben ausländische Wurzeln. Zum Glück für alle Schlemmerfreunde spiegelt sich das auch in der vielfältigen Gastroszene wider: Hier kann man zum Essen in aller Herren Länder zu Gast sein. Wir verraten Ihnen, wo es die leckerste Pizza und den besten Döner gibt und welche Lokale abseits der „Futtermeile" in der Maximilianstraße einen Besuch lohnen.

Dragone

Von außen eher unscheinbar, gibt es hier, nur ein paar Schritte vom Moritzplatz entfernt, die wohl besten und größten Pizzen der Stadt. Gebacken wird im Holzofen, der direkt im vorderen Teil des Gastraums liegt.

➲ www.pizza-dragone.de
Wintergasse 3

Il Gabbiano

Ursprünglich eine Café-Bar und bekannt für seine vielfältigen Frühstücksvariationen, hat sich das Il Gabbiano inzwischen als Klassiker der mediterranen Küche etabliert. Zwischen City-Galerie und Maximilianstraße, mit netter kleiner Terrasse, einziges Manko: Es gibt wenig Parkplätze in der

Al Teatro

Nähe und diese werden streng kontrolliert.

➲ www.il-gabbiano.de
Predigerberg 20

La Villa

In einem Hinterhof der Bahnhofstraße liegt ein wenig versteckt das Siemssen-Haus, ein wunderschöner Jugendstilbau. Hier wird sehr gute italienische Küche geboten, die Inhaber betreiben auch das „Massimiliano" in der Maximilianstraße 30 und das Ristorante „Passione" in der Bahnhofstraße 21.

➲ www.lavilla-augsburg.eu
Bahnhofstraße 10

Al Teatro

Bei diesem idyllisch gelegenen Italiener kann man im Sommer draußen am Lechkanal sitzen und das Altstadtflair genießen.

➲ 0821/2 46 42 31
Bei Sankt Ursula 1

Sangam

Neuer, sehr beliebter Inder in der Altstadt, ggf. reservieren. Essen und Service sind toll. Es gibt auch eine günstigere Mittagskarte.

➲ www.sangam-augsburg.de
Hunoldsgraben 34

Kigiku

Der wahrscheinlich leckerste Japaner der Stadt gegenüber der ev. Heilig-Kreuz-Kirche. Die Sushiplatte ist besonders zu empfehlen – auch zum Mitnehmen!

➲ www.kigiku.de
Heilig-Kreuz-Straße 22

Nifo

Thailändische Spezialitäten, auch für Vegetarier und Veganer geeignet. Der Inhaber bietet zudem

Kochkurse an.
➲ www.augsburg.nifo.de
Am Backofenwall 3

Arkadas

Der Lieblings-Döner des Partyvolks, direkt an der Maximilianstraße (zwei Filialen) und am Hauptbahnhof gelegen und fast rund um die Uhr von 9–5 Uhr geöffnet! Es gibt in Augsburg einige gute Döner-Läden, dieser ist aber sicher der bekannteste.
➲ Maximilianstr. 68,
Tel. 0821/3 49 68 86

Kichererbse

Der winzige Falafel-Laden am Judenberg hat in Augsburg Kultfaktor und ist nicht nur für Vegetarier ein echter Geheimtipp.
➲ www.facebook.com/pages/Kichererbse-Augsburg
Judenberg 5

Purist

Tolle Lage in einem der schönsten Häuser Augsburgs, sehr leckere Tapas und die besten Cocktails der Stadt! Oft voll, besser reservieren, vor allem am Sonntag: Dann gibt es alle kleinen Tapasgerichte zum Durchprobierpreis für je 3,20€.
➲ www.purist-augsburg.de
Volkhartstraße 12

Ikaros

Griechisches Lokal im Stadtteil Pfersee nahe der Herz-Jesu-Kirche. Besonderes Highlight: die Mezedés, eine Art griechischer Tapas – so kann man sich in kleinen Portionen genüsslich durchs Angebot futtern. Mit lauschigem Biergarten.
➲ www.taverna-ikaros.com
Siegmundstraße 3

Nikos

Gemütliche kleine griechische Taverne im Herzen der Altstadt. Es gibt keine Speisekarte, Nikos kommt und erzählt am Tisch, was zur Auswahl steht. Wegen der begrenzten Platzmenge empfiehlt es sich zu reservieren.
➲ 08 21/3 49 43 94
Hunoldsgraben 39

Bodega La Bomba

Unbeschwerte Gute-Laune-Wohlfühlatmosphäre einer typisch spanischen Bodega mit Tapas, Cocktails und leckerer Paella. Jeden ersten Sonntag im Monat wird die Paella vor den Augen der Gäste in einer riesigen Pfanne zubereitet!
➲ www.bodega-labomba.de
Afrawald 2

Beißer Burger

Ehrliche Burger in Handarbeit: Hausgewolftes Rinderhack aus dem Wittelsbacher Land auf frischen Brioche Buns vom Holzofenbäcker Laxgang mit selbstgemachten Saucen. Sehr lecker: Süßkartoffel-Fritten und Veggy-Burger.
➲ www.beisserburger.de
Dominikanergasse 13

Mille Miglia

Selbstgemachte Pasta von Mamma Antonietta, verführerische Menükreationen auf der Tageskarte und dazu die gute Weinauswahl von Chef Marco persönlich – wer im Sommer im Renaissance-Innenhof schlemmt, versteht: Augsburg *ist* die nördlichste Stadt Italiens.
➲ Maximilianstraße 57,
Tel. 0821/3 49 83 49

Bodega La Bomba

Riegele Wirtshaus

Brau- und Wirtshäuser

Bayerisch-schwäbische Gemütlichkeit

Regionale Augsburger Küche – das sind neben der internationalen Vielfalt vor allem bayerisch-schwäbische Klassiker wie Kässpätzle mit Röstzwiebeln, Maultaschen und – nicht zu vergessen – das selbst gebraute Bier, das hier schon seit Jahrhunderten Tradition hat. Nicht umsonst wurde in Augsburg 1156 das erste Reinheitsgebot der deutschen Biergeschichte erlassen. Viele Brauereien bieten heute ausgefallene Kreationen und Führungen mit anschließender Verkostung an (z. B. die BierKult(o)ur von Riegele).

Bauerntanz

Ältestes Gasthaus Augsburgs (1572) in perfekter Altstadtlage, das auf eine prominente Gästeliste blicken darf: Goethe, Mozart, Diesel oder Chris de Burgh – alle haben hier Halt gemacht. Heute bietet das Traditionslokal gutbürgerliche Küche mit bayerisch-schwäbischen Klassikern. Der Name leitet sich übrigens von einer inzwischen verschwundenen Fassadenmalerei des berühmten Joh. Evangelist Holzer ab.

➲ www.bauerntanz-augsburg.de
Bauerntanzgäßchen 1

König von Flandern

Wenige Schritte vom Rathaus entfernt, bietet der König von

Flandern hausgebrautes Bier in uriger Atmosphäre im Kellergewölbe und rustikales Essen. Frisches Treberbrot gibt es immer gratis dazu.
➲ www.koenigvonflandern.de
Karolinenstraße 12

Zeughausstuben
Gemütliches Lokal in historischem Ambiente, dem von Elias Holl erbauten Zeughaus. Mit charmantem Kastanien-Biergarten im Innenhof – und das mitten in der Stadt.
➲ www.zh.dreischwabenkueche.de
Zeugplatz 4

Die Tafeldecker in der Fuggerei
Regionale und saisonale bayerisch-schwäbische Tapas –ideal für „Vielprobierer"! Mit Biergarten.
➲ www.dietafeldecker.de
Jakoberstraße 26

Riegele Wirtshaus
Die Riegele-Biere gehören zu den besten Deutschlands. Wer etwas Zeit hat, sollte unbedingt eine Brauereiführung mitmachen! Das Wirtshaus nahe dem Bahnhof überzeugt mit stylischer Einrichtung, großem Biergarten und Terrasse. Toll zum Testen: die kleine Bierprobe mit je 0,1 l je Sorte und verschiedene Biercocktails.
➲ www.riegele-wirtshaus.de
Frölichstr. 26

Kälberhalle – Brauhaus zum Hasen
Riesige alte Industriehalle mit hohen Decken etwas außerhalb der Innenstadt im früheren Augsburger Schlachthof, lange Theke mit Biertanks im Hintergrund. Großer Kastanien-Biergarten und ausreichend Parkplätze. Ordentliches Essen und hausgebraute Biere.
➲ www.kaelberhalle.de
Berliner Allee 36

Braustüberl zum Thorbräu
Direkt am Wertachbrucker Tor, ausgefallene Bierkreationen wie Celtic Biobier, MacMallow und den Kleinen Mohr – auch zum Mitnehmen im Sixpack. Ab und zu Live-Musik und Fußball-Übertragungen.
➲ www.thorbraeu-stueberl.de
Wertachbrucker-Tor-Str. 9

Ratskeller
Stilvolles Ambiente und sehr zentral im Gewölbekeller unter dem Rathaus gelegen. Im Sommer kann man am Elias-Holl-Platz hinter dem Rathaus auch schön draußen sitzen, Cocktails von 17 bis 20 Uhr zum halben Preis. Regelmäßige Krimidinner (www.krimidinner.de).
➲ www.ratskeller-augsburg.de
Rathausplatz 2

Bayerischer Löwe
Rustikale Wirtschaft im Stadtteil Oberhausen. Bayerisch-schwäbische Gerichte und Balkanspezialitäten vom Grill und der vermutlich beste Zwiebelrostbraten in ganz Augsburg.
➲ www.gaststaette-bayerischer-loewe.de
Ulmer Str. 30

Gasthaus Settele
Jahreszeitliche Küche mit Biergarten, Festsaal und regelmäßigen Kochkursen. Die beste schwäbische Küche Augsburgs ist die etwas weitere Anfahrt nach Haunstetten wert.
➲ www.gasthaus-settele.de
Martinistraße 29

Sonnendeck

Draußen sitzen

Biergärten und Sonnenplätze

In Augsburg sitzt man in romantischen Innenhöfen, im Schatten mächtiger Kastanien an der alten Stadtmauer oder direkt am plätschernden Wasser. Und auch in den zahlreichen Cafés rund um Rathaus und Maxstraße kann man sich die Sonne ins Gesicht scheinen lassen.

Sonnendeck

Auf dem Dach des Parkhauses in der Ludwigstraße fühlt man sich wie in der Karibik: weißer Sand, Liegestühle, Cocktails. Man kann entweder selbst etwas zu essen mitbringen oder Pizza und Sushi vom Lieferservice an der Bar genießen. Am Wochenende gibt's abends Musik vom DJ oder kleine Unplugged-Konzerte.

➲ www.weinbaeck.de
Ludwigstraße 28, Parkdeck 5

Schlachthof

Wie die Kälberhalle in einem alten Gebäude des Augsburger Schlachthofs untergebrachte Restaurant-Bar. Leckere Grillgerichte und Burgervariationen, mit Biergarten.

➲ www.schlachthof-restaurant-bar.de
Proviantbachstr. 1

Kahnfahrt

Der Klassiker am Oblatter Wall ist vor allem bei Frischverliebten und bei Familien beliebt. Hier kann man idyllisch am Wasser sitzen und mit Ruder- oder Tretboot den Stadtgraben erobern.

➲ www.augsburger-kahnfahrt.de
Riedlerstr. 11

Der Weinbäck

Zum bayrischen Herzl
Eine Oase der Ruhe und Gemütlichkeit im Schatten von St. Ulrich. Direkt neben der Bäckerei Laxgang, nahe der Puppenkiste, gibt es im historischen Gewölbe zünftiges Weißbier und bayerische Schmankerl. Im Innenhof ist einer der schönsten Biergärten der Altstadt versteckt. Im Winter Feuer und Punsch im Innenhof.
➲ www.zum-bayrischen-herzl.de
Spitalgasse 8

Lueg ins Land
Einer der beliebtesten Biergärten direkt an der Stadtmauer nahe dem Fischertor (gut für einen Zwischenstopp beim Spaziergang, Seite 37). Im Schatten mächtiger Kastanien sitzt man an den alten Festungsmauern. Speisen, Biere, Weine und alkoholfreie Getränke.
➲ www.oblingers-luginsland.de
Am Lueginsland 5

Waldgaststätte Parkhäusl
Im Grünen entspannen! Schöner Biergarten mitten im Siebentischwald nahe Zoo und Botanischem Garten. Spielplatz und Minigolfanlage keine fünf Minuten entfernt. Essen in Bio-Qualität. Sowohl mit dem Rad wie mit dem Auto gut zu erreichen.
➲ www.parkhaeusl.de
Professor-Steinbacher-Str. 10

Gasthaus zum Spickel
Bayerisch-schwäbische Küche sowie Spezialitäten aus der Balkanregion, auch veganes und vegetarisches Angebot. Großer, schöner Biergarten. Praktisch für Familien: Es gibt einen eigenen Eltern-Biergarten mit großem Sandkasten und feinen Kindergerichten.
➲ www.zum-spickel.de
Hornungstr. 44

Drei Königinnen
Schöne Atmosphäre! Etwas abgeschirmt in einem Innenhof hinter der Fuggerei. Biere der hauseigenen Augusta-Brauerei und leckerer Brunch am Sonntag.
➲ www.augusta-brauerei.de
Meister-Veits-Gäßchen 32

Kulperhütte zwischen Wertach und Wertachkanal

Hirschgarten (Thorbräukeller)

Gleich gegenüber der evangelischen Heilig-Kreuz-Kirche liegt der Hirschgarten, der Biergarten vom Thorbräukeller. Urige Deko mit Hirschgeweihen und Vollservice.

➲ www.thorbraeu-keller.de
Heilig-Kreuz-Straße 20

Manolito

Tex-Mex-Restaurant direkt unterhalb des Wittelsbacher Parks im schönen Thelottviertel. Leckere Cocktails und Happy Hour von 17 – 18:30 und ab 22:30 Uhr! Biergarten direkt an der Straße, aber original unter alten Kastanien.

➲ www.manolito-augsburg.de
Thelottstraße 2

Café Viktor

Ganztags sonniger Biergarten im attraktiven Bismarckviertel. Gute Salate von 10-16 Uhr, ausgedehntes und leckeres Frühstück.

➲ www.cafe-viktor.de
Hartmannstr. 1

Kulperhütte

Einer der Liebslingsbiergärten der Augsburger direkt zwischen Wertach und Wertachkanal, ideal für Radfahrer und Spaziergänger.

➲ www.kulperhuette.de
Pfarrer-Bogner-Straße 0

Rheingold

In einem alten Jugendstilhaus im Textilviertel untergebracht und 2013 neu eröffnet. Sonniger Biergarten, interessante Mischung aus schwäbischer und tamilischer Küche aus Sri Lanka. Auch toll zum Frühstücken!

➲ www.das-rheingold.com
Prinzstr. 14

Osteria Kuckuck

Das Restaurant ist Mitglied im weltweiten Slowfood-Verband und besitzt neben der kreativen, italienisch angehauchten Küche auch einen schönen Biergarten.

➲ www.osteria-kuckuck.de
Uhlandstr. 35

Waldgaststätte Parkhäusl

Kaffeehaus Dichtl in der Maximilianstraße

Cafés

Mehr als nur Kaffee und Kuchen

Morgens lecker frühstücken, nachmittags die Shoppingtour für ein süßes Stück Kuchen unterbrechen und bei ein, zwei oder drei Tassen Kaffee einfach mal die Zeit vergessen. Lassen Sie sich von den zahlreichen Cafés rund um den **Rathausplatz** verführen.

Café Eber

Bereits seit 1925 ist der Familienbetrieb in der Fuggerstadt vertreten und für viele mittlerweile eine Augsburger Institution. Direkt am Rathausplatz, viele Außenplätze, die bei gutem Wetter schnell gefüllt sind. Absolut gigantische Kuchenauswahl und für alle nicht so Süßen gibt es eine wechselnde Mittagskarte mit warmen und kalten Gerichten.

➲ www.cafe-eber.de
Philippine-Welser-Str. 6

Café Dichtl

Sehr beliebte Kaffeehäuser in der Maximilian- und Bahnhofstraße. Man kann im Sommer direkt am Moritzplatz draußen sitzen. Innen herrscht Wiener Kaffeehausatmosphäre mit Stilmöbeln aus den 50ern. Nicht verpassen: Tortenbuffet am Dienstag zwischen 14 und 17 Uhr für 4,50 €/Person. Gut besucht ist auch der Sonntagsbrunch – am besten vorher reservieren!

➲ www.dichtl.de
Maximilianstr. 18, Schrannenstr. 2

Café Euringer

Kleines Café, eher für ältere Kundschaft. Die Konditorei ist allerdings ein Pflichtstopp, denn hier gibt es den besten Bienenstich der Stadt – ein unvergesslicher Traum aus Sahne, Mandeln und Butter.

➲ Am Perlachberg 9
08 21/51 40 55

Kaffeehaus im Thalia

Direkt am Kino, also ideal um vor oder nach dem Film gemütlich was zu essen oder zu trinken, tolle Atmosphäre durch hohe Saaldecke und dunkle Holzmöbel. Besonders beliebt auch zum Frühstücken.

➲ www.lechflimmern.de
Obstmarkt 5

Barfüßer-Café

Ruhige, kleine Idylle in der Altstadt, bei der man zu Füßen der Barfüßerkirche direkt am Stadtgraben sitzen kann. Fair-Trade-Kaffee, wechselnde Mittagsgerichte, samstags von 9 – 12 Uhr Frühstücksbuffet.

➲ 08 21/4 50 49 66
Barfüßerstr. 10

Café am Milchberg

In unmittelbarer Nähe von St. Ulrich. Leckerer hausgemachter Kuchen und wechselnde Mittagsgerichte zu kleinen Preisen und eine Terrasse mit Blick auf die Kirche. Hinter allem steht ein tolles Konzept: das Café wird tagsüber von den Ulrichswerkstätten betrieben.

➲ www.cab.caritas.de/22715.html
Milchberg 12

Wer hat das beste Eis? Darüber streiten sich die Augsburger – einfach selbst testen: beim Eiscafé Santin (Bahnhofstr. 24) oder bei Enzo (Pferseeer Str. 19)!

Café Müller in Königsbrunn

Café Schenk
Konditorei und Café an der Luitpoldbrücke, das die vermeintlich besten Kuchen und Torten der Stadt bietet (übrigens auch im Anna, www.das-anna.de). Mittags wechselnde Tageskarte. Wurde vom Feinschmecker-Magazin unter die besten Cafés Deutschlands gewählt.

➲ www.cafe-schenk.de
Hessenbachstr. 1

Café Müller
Nicht mehr in Augsburg, sondern etwas weiter südlich in Königsbrunn, steht der Schokoladentempel des Café Müller. Handgeschöpfte Schokolade, Pralinen, Kuchen und alles, was das Naschherz begehrt.

➲ www.cafemueller.com
Bgm.-Wohlfahrt-Str. 62
Königsbrunn

Färberei
In einer kleinen Seitengasse der Annastraße gelegen. Kleines, modernes Café mit tollem Essen und Frühstück – und schön ruhig, obwohl mitten in der Stadt!

➲ 08 21/50 89 82 67
Färbergässchen 5

Centro
Café am Moritzplatz mit großem Außenbereich und dem vielleicht besten Espresso der Stadt.

➲ 08 21/51 33 69
Maximilianstr. 35

Galerie Süßkind
Chocolaterie und Galerie in einem, mit Werken von Künstlern aus der Region

➲ http://galeriesuesskind.blogspot.de
Dominikanergasse 9

Barfüßer-Café

Beim Weißen Lamm

Kneipen, Bars, Clubs

Trinken und Tanzen

Die erste Anlaufstelle für Nachtschwärmer ist die **Maximilianstraße** – hier reihen sich die Restaurants, Bars und Clubs regelrecht aneinander. Gemütlich trinken oder gut feiern lässt sich aber auch abseits der klassischen Feiermeile.

Murdock's Irish Pub

Direkt gegenüber der Puppenkiste, toll zum draußen Sitzen oder Fußball gucken. Irish Breakfast, gutes Bier und eine riesige Whiskey-Auswahl. Auch die Burger sind hier sehr lecker.

➲ www.murdocks.de
Am Roten Tor 8

Beim Weißen Lamm

Tagsüber ist das Weiße Lamm ein nettes Café mit Wohnzimmeratmosphäre und gemütlichen Sofas, abends verwandelt es sich dann in einen Klub ohne Mainstream und Schicki-Micki. Wechselnde DJ's legen Indie, Hip-Hop und Soul auf. Sonntags gibt es von 10 – 14 Uhr Brunch. Am Sonntagabend ist das gemeinsame Tatortgucken auf großer Leinwand sehr beliebt.

➲ www.lamm-klub.net
Ludwigstr. 23

Annapam

Gemütliche Kneipe mit Biergarten und leckeren Kleinigkeiten zu kleinen Preisen. Sa/So kann man auch

Haifischbar

frühstücken, im Keller „Hempels" gibt es wechselnde Veranstaltungen und Konzerte.

➲ http://annapam.de
www.hempels-augsburg.de
Bäckergasse 23

Flanningan's Post

Irland trifft Mexiko – klingt ungewöhnlich, klappt aber gut. Nah am Königsplatz gibt es hier mexikanische Küche und irischen Whiskey.

➲ www.flannigans-post.de
Fuggerstr. 5-7

Caipi-Bar

Beliebte Bar direkt an der Partymeile mit riesiger Auswahl an Caipis und anderen Cocktails – auch zum Mitnehmen.

➲ Maximilianstraße 48
08 21/3 19 54 11

Haifischbar

Kneipe im Südsee-Style nahe der Puppenkiste. Geniale Burger und gute Cocktails, relativ lange geöffnet, regelmäßig Live-Musik.

➲ www.facebook.de/pages/Haifischbar-Augsburg/152539781456690, Spitalgasse 16

Peaches

Selbst nennen sie sich „Augsburgs populärste Cocktailbar" – und da ist wohl auch was dran. Auf zwei Etagen direkt an Augsburgs Feiermeile. DIenstags und donnerstags besonders günstige Preise.

➲ www.peaches-augsburg.de
Maximilianstr. 73

Purist Nachtcafé

Das Purist in der Volkhartstraße wird für seine Tapas und Cocktails geliebt. Seit 2013 betreiben die Inhaber außerdem das „Nachtcafé", eine Absackerbar, in der man in schickem Ambiente gute Longdrinks und Weine bekommt.

➲ www.purist-augsburg.de
Klinkertorstr. 1

Thing

Striese
Kulturkneipe mit abwechslungsreichem Programm und guten Jazz-Konzerten. Übersichtliche, aber leckere Karte, sonntags Brunch.
➲ http://neue-striese.de
Kirchgasse 1

Weinbar und Bistro Jakobus
Entspannt und gemütlich ein Glas Wein trinken – dafür ist das Jakobus an der Maximilianstraße genau das Richtige! Im Sommer kann man auch draußen sitzen.
➲ www.jakobus-augsburg.de
Maximilianstraße 73

Kappeneck
Wohlfühlkneipe mit kleinem, aber feinem Biergarten, wechselnde Tageskarte, leckere Bio-Küche mit regionalen Produkten.
➲ www.kappeneck.de
Kappeneck 30

Thing
Gemütliche, eher alternative Altstadtkneipe mit schönem Biergarten im Innenhof. Flipper, Billardtisch, Konzerte und Fußball. Sonntags Tatort schauen mit Kässpatzen für unschlagbare 6,50 €.
➲ www.mein-thing.de
Vorderer Lech 45

Spectrum
Hält, was der Name verspricht: ein breites Spektrum an Konzerten, kulturellen Veranstaltungen und Partys für Jung und Alt – immer wieder mit bekannten Künstlern.
➲ www.spectrum-club.de
Ulmer Str. 234a

Kantine
Liveclub und Disco abseits des Mainstream auf zwei Etagen. Drei Areas und Biergarten mit Lagerfeuer. Querbeet-Musikangebot: Independent, Alternative,

Kantine

Rock'n'Roll, 80er bis Wave, Dancehall & Reggae, Rockabilly, Electro.
➲ www.musikkantine.de
Am Exerzierplatz 25a

Rockfabrik

Rocktempel etwas außerhalb, nahe MAN. Mittwochs oft Gothic.
➲ www.rockfabrik-augsburg.de
Riedingerstr. 24

Kesselhaus

Die Halle aus der Gründerzeit ist nur für Events und Partys geöffnet. Ein kleinerer Floor in acht Meter Höhe bietet atemberaubende Blicke!
➲ www.kesselhaus.eu
Riedingerstr. 26

Mahagoni Bar

Mehr Club als Bar, direkt an der Partymeile gelegen. Historischer Gewölbekeller in den Katakomben und Retro-Style in Bambusoptik auf dem Mainfloor. Meist freier Eintritt bis 23 Uhr und Happy Hour zwischen zehn und zwölf. Musikalisch recht breit gefächert: Reggae, Indie, Funk, Soul, Electro und HipHop. Eher alternatives Publikum.
➲ www.mahagonibar.de
Ulrichsplatz 3

Mo Club

Fünf Tage die Woche mit unterschiedlichen Events geöffnet: dienstags Studentenparty, donnerstags Ladies Night.
Nahe der Maxstraße mit relativ jungem Publikum.
➲ www.moclub.eu
Afrawald 4

Ostwerk

Altbewährter Mainstream-Club im Osten der Stadt. Großzügige Location, bunt gemischte Musik.
➲ www.ostwerk.de
Partnachweg 2

Die City-Galerie – Bayerisch-Schwabens größtes Shoppingcenter

Shoppen

Einkaufsmeile, Altstadt und City-Galerie

Augsburgs Innenstadt bietet etwa 800 verschiedene Geschäfte und Boutiquen – da ist für jeden Geschmack und Geldbeutel etwas geboten. Perfekter Start für eine Shoppingtour ist die **Annastraße**, Augsburgs beliebteste Einkaufsmeile, und die **Bürgermeister-Fischer-Straße**. Hier sind vor allem bekannte Marken und Kaufhäuser vertreten. Für eine Stärkung zwischendurch bummelt man über den direkt angrenzenden **Stadtmarkt** mit seinen duftenden Obst- und Gemüseständen oder macht Halt in einem der zahlreichen Cafés rund um Moritz- und Rathausplatz. Mit neuer Energie geht's dann – z. B. über den Judenberg – hinab in die **Altstadt**: In den engen Gassen zwischen den Lechkanälen gibt es vor allem kleine, inhabergeführte Läden zu entdecken, die mit Charme und Kreativität Selbstgemachtes und Besonderes verkaufen. Durch die Altstadt führt auch ein schöner Weg zur **City-Galerie**, dem größten Shoppingcenter in Bayerisch-Schwaben. Zu Fuß braucht man von der Innenstadt etwa 10 Minuten oder man nimmt vom Moritzplatz für 0,90 € den kleinen Shuttlebus, der im 10-Minuten-Takt zur City-Galerie pendelt.

City-Galerie

Rund 100 Geschäfte und Gastrobetriebe, günstiges Parkhaus.

Mo – Sa 9:30 – 20 Uhr

www.city-galerie-augsburg.de
Willy-Brandt-Platz 1

Fräulein D.

Inhaberin Daniela Knoller beschreibt ihre Boutique als „Prinzessinnenreich für große Mädchen". Hier findet man ausgefallene Labels jenseits des Mainstream: cream, VIVE MARIA, nü by staff, marie cabanac, myrine, …

Mo – Fr 11 – 18 Uhr, Sa bis 16 Uhr

www.fraeulein-d.de
Dominikanergasse 8
(Antoniushof)

Anita Miller

Bei Schneidermeisterin Anita Miller gibt es Kleider, Röcke, Taschen und kleine Accessoires (Haarbänder, Handytaschen, usw.) im Retro-Style der 60er- und 70er-Jahre – bunt, knallig und groß gemustert. Auch nach Maß und Kundenwunsch.

Di, Do, Fr 12 – 17 Uhr

www.anitamiller.de
Pfladergasse 8

Titus

Alles, was das Streetstyle-, Snowsports- und Boarderherz begehrt, u.a. auch exklusiv das Augsburger Label „degree".

Mo – Sa 10 – 19 Uhr, Sa bis 18 Uhr

www.titus.de/shops/augsburg
Wintergasse 9

Rübsamen Fashion Galerie

Seit Generationen eine Institution in Augsburg: Mode, Heimtextilien und Accessoires bekannter Hersteller für Damen, Herren, Kinder.

Mo – Fr 9:30 – 19 Uhr,
Sa bis 18 Uhr

www.mode-ruebsamen.de
Karolinenstr. 10

Manomama

Produziert in Augsburg Kleidungsstücke für Kinder, Frauen und Männer. Das Besondere: Je ein Mitarbeiter fertigt einen Artikel vollständig von Anfang bis Ende. Einzelstücke werden auf Basis von Grundschnitten „on demand" hergestellt.

Mo – Fr 10 – 19 Uhr, Sa bis 18 Uhr

www.manomama.de
Moritzplatz 4

Bergsporthütte

Bietet auf über 200 qm alles, was ein Abenteuer braucht. Über den Verleihservice kann man Rucksäcke, Ski oder Kletterausrüstung auch preisgünstig mieten.

Mo – Mi 10 – 18 Uhr
Do/Fr bis 19 Uhr, Sa 10 – 16 Uhr

www.bergsporthuette.de
Pfladergasse 1

Auf www.altstadt-augsburg.de gibt es einen interaktiven Stadtplan, der die kleinen Läden im Lechviertel porträtiert.

Ideenreich

BitterSüß

Bonbonmanufaktur

Die Wundertüte

Süßer kleiner Laden, der Lampen, Mode und Geschenke bietet.

Mo – Fr 10 – 18 Uhr, Sa bis 13 Uhr

Barfüßerstr. 8, Tel.: 08 21/3 83 59

Ideenreich

Wohnaccessoires, Taschen, Textilien, Schmuck und alles, was den grauen Alltag schöner erscheinen lässt.

Mo – Fr 11 – 18 Uhr, Sa bis 16 Uhr

www.facebook.de/ideenreich.augsburg, Hunoldsgraben 26

Alte Silberschmiede

Schmuckhaus für Gold, Silber und Platin mit langer Tradition. In dem Handwerkerhaus aus dem 13. Jahrhundert haben über Generationen Gold- und Silberschmiedefamilien gelebt. Noch heute sind sämtliche Schmuckstücke Anfertigungen der eigenen Werkstatt.

Mo – Mi 10 – 18 Uhr, Do/Fr bis 19 Uhr, Sa bis 14 Uhr

www.silberschmiede.de
Pfladergasse 10

BitterSüß

Ein wahres Schokoladenparadies mit kleinen und großen Köstlichkeiten aus aller Herren Länder. Geheimtipp: Do – Sa gibt es hausgemachten Schokoladenkuchen!

Mo – Fr 10 – 18 Uhr, Sa bis 16 Uhr

www.bitter-suess.de
Vorderer Lech 18

Bonbonmanufaktur Guzzie

In der offenen Manufaktur werden vor den Augen der Besucher Bonbons und Lollis in Handarbeit produziert. Neben den Guzzies (wie Bonbons in der Region genannt werden) sind auch Lakritze, Toffees und Fruchtgummis im

Angebot. Bei offenen Workshops kann man sich selbst im Lollirollen versuchen.
Mo – Fr 11 – 18 Uhr, Sa bis 16 Uhr
www.bitter-suess.de
Schlossermauer 29

Isle of Skye
DER Fachhändler für Single Malt Whiskys in Augsburg, besonders beliebt: verschiedene Seminare mit Verkostung.
Mo – Fr 10 – 18 Uhr, Sa bis 16 Uhr
www.isle-of-skye-online.de
Weiße Gasse 10

Vom Fass
Essig und Öl, Wein, Spirituosen, alkoholfreie Spezialitäten und Feinkost zum Probieren, Genießen und Mitnehmen.
Mo – Sa 10 – 18 Uhr
www.augsburg.vomfass.de
Karolinenstraße 11

Stormanns Nudelmanufaktur
Hier kann man direkt vor Ort den Gaumen verwöhnen lassen oder hausgemachte Nudeln, Ravioli, Saucen, Suppen und kleine Gerichte mit nach Hause nehmen – die hausgemachten Produkte von Frank Stormann sind auch als Geschenke sehr beliebt.
Di – Fr 11 – 17 Uhr, Sa bis 16 Uhr
www.stormanns.eu
Fischgasse, Stadtmarkt

Elbenwald
Eintauchen in die bekannten Fantasiewelten von Harry Potter, Herr der Ringe, Batman, Game of Thrones und viele andere. Auch Kleidung und Accessoires für Rollenspiele, Mittelalter- und Rockabilly-Fans!
Mo – Sa 9:30 – 20 Uhr
www.elbenwald.de
City-Galerie, Willy-Brandt-Platz 1

Die Wundertüte

Stormanns Nudelmanufaktur

Elbenwald

Perletti

Oelkrug Maßhemden

Astwerk

Perletti – exklusiver Glasperlenschmuck

Exklusiver Glasperlenschmuck und Kronleuchter, kreiert und einzeln angefertigt von der Schmuckgestalterin Dagmar Rippl.

Mo – Fr 11 – 18 Uhr, Sa bis 14 Uhr

www.perletti.de
Barfüßerstraße 8

Oelkrug Maßhemden

Augsburgs Geheimtipp für maßgeschneiderte Qualitätshemden, Familienbetrieb mit langer Tradition.

Mo – Fr 9:30 – 13 Uhr,
14:30 – 18 Uhr, Sa 9:30 – 15 Uhr

www.oelkrugmasshemden.de
Elias-Holl-Platz 4

Weltladen

Fachgeschäft für gerechten Handel, beliebt: der frisch gemahlene Kaffee und CDs aus aller Welt.

Mo – Fr 11 – 18 Uhr, Sa bis 14 Uhr

www.weltladen-augsburg.de
Weiße Gasse 3

Astwerk

„Erweiterter“ Floristikbetrieb, der auch Möbel und Wohnaccessoires bietet, die es nicht an jeder Ecke gibt. Oft Künstlerausstellungen.

Mo 14 – 18 Uhr, Di – Fr 10 – 13 Uhr,
14 – 18 Uhr, Sa 10 – 15 Uhr

www.astwerk-augsburg.de
Mittlerer Lech 2

Papiermanufaktur Wengenmayr & Brechts Bistro

Hier wird die historische Kunst des Papierschöpfens noch zelebriert – in einem Gebäude, das gleichzeitig Manufaktur und Bistro ist. Brechts Vater arbeitete wie Betreiber Klaus Wengenmayr jahrelang in einer Augsburger Papierfabrik. Nach Voranmeldung kann man hier sein eigenes Papier mit Wasserzeichen herstellen.

- Mo – Sa 18 – 1 Uhr
- www.papiermanufaktur-wengenmayr.de, Auf dem Rain 6

Papeterie Bellini

Wer nicht mehr oft mit der Hand schreibt, wird nach einem Besuch wieder anfangen wollen: Post- und Grußkarten, Hefte, Notizbücher und kleine Mitbringsel – liebevoll ausgesucht und abwechslungsreich.

- Mo – Fr 10 – 19 Uhr, Sa bis 18 Uhr
- Martin-Luther-Platz 2, Tel.: 08 21/5 40 13 85

Die Spiegelburg

Der „Hoflieferant für kleine Prinzen und Prinzessinnen" ist ein alteingesessener Spielzeugladen, der mit Produkten aus dem Hause Coppenrath begonnen hat.

- Mo – Fr 9:30 – 18 Uhr, Sa bis 16 Uhr
- www.spiegelburg-augsburg.de Bäckergasse 27

Töpferei Weißbeck

Schönes und Praktisches aus dem Werkstoff Ton: Service und Tassen, Vasen, Brottöpfe, Butterdosen, Backformen, Schüsseln, Flaschen, Krüge und vieles mehr (auch Anfertigungen auf Kundenwunsch).

- Di – Sa 10 – 18 Uhr
- www.die-toepferei.net Weiße Gasse 5

Comic Time

Größte Auswahl an Comics und Mangas im Großraum Schwaben. Außerdem Comic-Merchandise, Brett-,Tabletop- und Rollenspiele. Zweimal im Monat Spielerabend.

- Di – Fr 10 – 18 Uhr, Sa bis 14 Uhr
- www.comic-time.de Hermanstr. 7

Papiermanufaktur

Töpferei Weißbeck

Comic Time

Das Naturparkhaus informiert über die „Westlichen Wälder"

Tipps für Kinder

Klettern, paddeln und staunen

Auch kleine Besucher kommen in Augsburg voll auf ihre Kosten. Neben der **Puppenkiste** (S. 80) mit Museum und nahem Spielplatz sind der **Zoo** mit seinem begehbaren Katta-Gehege, der benachbarte **Botanische Garten** (S. 93), das **Planetarium** (S. 83) und das **Naturmuseum** (S. 82) beliebte Ausflugsziele. Richtig aktiv werden und Wolle kämmen, einen Faden spinnen oder Stoffe mit Modeln bedrucken, kann man im **Textil- und Industriemuseum** (S. 77). Es gibt einen Audio-Guide speziell für Kinder (auch als kostenlose App). Kleine Kapitäne sind bei der **Kahnfahrt** (S. 97) richtig aufgehoben und wem das noch nicht nass genug ist, der sollte dem Piratenschiff im **Titania-Freizeitbad** im nahen Neusäß (www.titania-neusaess.de) einen Besuch abstatten. Richtig auspowern können sich kleine Energiebündel

Titania

im **DAV Klettercenter** an der Sportanlage Süd. Direkt daneben erfahren vor allem Kinder im Waldpavillon alles über den Stadtwald.

Im **Eselgarten Augsburg** (www.eselgarten.com) warten rund 20 gutmütige Langohren auf Besucher, die kuscheln, reiten oder Kutschfahrten unternehmen wollen. Bei einer Hofführung kann man alles über Haltung und Pflege der Tiere erfahren. Das **Naturparkhaus** in Oberschönenfeld informiert über die Westlichen Wälder (S. 110): Mit Ratekästen, einem Computerspiel und einem gut 100 Quadratmeter großen Wald-Feld-Diorama mit Tierstimmen, Spotleuchten und Röhren, durch die man in das Diorama hineinkriechen und alles aus neuer Perspektive beobachten kann.

Die Regio Augsburg bietet für Familien extra Führungen an: z. B. „Augsburg ganz nass", „Sagenhaftes Augsburg" oder „Auf der Suche nach der bärtigen Schildkröte", Infos S. 160

Augsburger Puppenkiste

Tipps bei Regen

Spannende Schlechtwetterziele

Man kann seine Reise noch so gut planen, auf das Wetter hat man leider keinen Einfluss. Aber auch wenn's draußen kalt und nass ist, müssen Ihre Ausflugspläne nicht ins Wasser fallen – vieles kann man auch bei Schmuddelwetter unternehmen:

Das Museum der **Puppenkiste** (S. 80) ist für viele Besucher das erste Ziel. Hier kann man den Helden seiner Kindheit endlich mal live begegnen oder sich eine Aufführung anschauen. Wer mehr für bewegte Bilder zu begeistern ist, wird in Augsburgs Kinolandschaft bestimmt fündig: Ein großes **Cinemaxx** bei der City-Galerie, das **Kinodreieck mit Thalia, Mephisto und Savoy** sowie das **Liliom** (S. 123) bieten sowohl spannende Blockbuster als auch Programmkino abseits des Mainstream. Einen Einblick in Augsburgs glanzvolle Zeit als Reichsstadt bietet das **Maximilianmuseum** (S. 78). Dort

tim – eines der besten Industriemuseen Europas

ist unter anderem Elias Holls Modell vom Rathaus zu sehen und – besonders beeindruckend – eine Abteilung zur Augsburger Goldschmiedekunst; schließlich belieferten Augsburgs Goldschmiede weltliche und geistliche Höfe in ganz Europa.

Sehenswert ist auch das **Schaezlerpalais** mit dem Rokokofestsaal. Der opulente Raum mit Stuckarbeiten und einem großartigen Deckenfresko gilt als der wertvollste erhaltene Saal seiner Zeit. Die im Schaezlerpalais untergebrachte **Deutsche Barockgalerie** zeigt Gemälde aus der Zeit von etwa 1600 – 1800 (S. 74).

Einzigartig und eng mit Augsburgs Geschichte verbunden ist das **tim** (S. 77), das als bestes Industriemuseum Europas ausgezeichnet wurde. In der ehemaligen Augsburger Kammgarnspinnerei verfolgt das Mitmach-Museum die Höhen und Tiefen der Textilindustrie von der Industrialisierung bis zur Globalisierung. Besonders beliebt: die Maschinenvorführungen in der Weberei und deren Produkte im Museumsshop. Auch **Planetarium** (S. 83) und **Naturmuseum** (S. 82) sind geeignete Schlechtwetterziele.

Praktisches

Wo kann man richtig tief schlafen? Was kostet eine Tageskarte für die Straßenbahn? Was sind spannende Ausflugsziele? Viele Fragen und ganz viele Antworten finden Sie auf den nächsten Seiten.

Wohnmobilstellplatz an der Wertach

Übernachten

Preiswert

Ibis

Der Klassiker unter den preisgünstigen Hotels ist gleich dreimal vertreten: direkt am Hauptbahnhof (Halderstraße 25), am Königsplatz (Hermanstraße 25) und etwas außerhalb in der Holzbachstraße 2a.

➲ www.ibis.com
EZ ab 44 €

B&B Hotel

Günstiges Hotel der B&B-Kette. Etwas außerhalb, aber mit guter Straßenbahnanbindung (Linie 2).

➲ www.hotelbb.de/de/augsburg
Haunstetter Str. 68, EZ ab 56 €

Übernacht Hostel

Günstige Schlafgelegenheit direkt im Herzen Augsburgs. Es gibt Einzel- und Doppelzimmer sowie 4- bis 6-Bett-Zimmer, aber auch günstige Appartements für Gruppen oder Familien.

➲ www.uebernacht-hostel.de,
Karlstr. 4, ab 19 € (6er Zimmer)

Hotel Jakoberhof

Nur einen Steinwurf von der Fuggerei entfernt liegt das familiengeführte Hotel.

➲ www.jakoberhof.de
Jakober Str. 41, EZ ab 49 €

Jugendherberge Augsburg

Unweit der Altstadt gelegene, modern renovierte Jugendherberge.

➲ www.jugendherberge.de
Unterer Graben 6, EZ ab 21,90 €, DZ 25,50 €

Airbnb

Internetportal mit privaten Unterkünften, vom Wohnzimmersofa bis zum ganzen Haus wird hier alles geboten.

➲ www.airbnb.de

Wohnmobilstellplatz Wertach

Rund 20 Wohnmobile haben am idyllischen Stellplatz an der Wertach Platz, zentrumsnah und nur 500 Meter vom Hauptbahnhof entfernt.

➲ www.augsburg-wohnmobil.de
Bürgermeister-Ackermann-Str. 1
max. 8 €/Tag, Strom und Wasser extra

Campingplatz Bella Augusta

Caravaning Park nahe der A8 im Norden Augsburgs gelegen, direkt am Autobahnsee – einem beliebten Badesee mit Grill- und Spielplatz, Kiosk und Restaurant, 50 Stellplätze.

➲ www.caravaningpark.de
Mühlhauser Str. 54b
Stellplatz ab 9,90 €/Tag

Grandhotel Cosmopolis

Ein besonderes Konzept: Designhotel und Gemeinschaftsunterkunft für Asylbewerber. Das Grandhotel entstand 2011 aus einer Projektgruppe und ist mittlerweile ein Aushängeschild der Friedensstadt Augsburg. Das Hotel bietet von Designern gestaltete Zimmer und ein kleines Café.

➲ www.grandhotel-cosmopolis.org
Springergäßchen 5, DZ ab 60 €, auch Betten im Hostel ab 20 €

Gehoben

Hotel am Rathaus

Wie der Name schon sagt: direkt unterhalb des Rathauses gelegen, noch zentraler geht es nicht. Mit Tiefgarage.

➲ www.hotel-am-rathaus-augsburg.de, Am Hinteren Perlachberg, DZ 105–145 €

Hotel am Fischertor

Einfaches und solides Hotel am Rande der Altstadt im Domviertel, mit Restaurant „Oblingers" im Haus und zwei Gehminuten entfernt von Augsburgs beliebtestem Biergarten: Lueg ins Land.

➲ www.hotel-fischertor.de
Pfärrle 16/18, DZ 73–93 €

City Hotel Ost am Kö

Trotz der sehr zentralen Lage sind die Zimmer recht ruhig. Ein echter Tipp ist das Frühstücksbuffet, bei dem sich auch alteingesessene Augsburger gerne treffen.

➲ www.ostamkoe.de
Fuggerstr. 4–6, DZ 115–155 €

Dom Hotel

Familiengeführtes Hotel in zentraler, aber ruhiger Lage beim Dom. Highlight ist das Turmzimmer mit Ausblick über die Stadt.

➲ www.domhotel-augsburg.de
Frauentorstr. 8, DZ 75–190 €

Augsburger Hof

Ein wenig abseits der Innenstadt, aber dennoch in Laufnähe und unweit des Doms liegt der Augsburger Hof. Er gehört zur Gruppe der Romantikhotels. Gemütliches Wohnen und gutes Essen.

➲ www.augsburger-hof.de
Auf dem Kreuz 2, DZ 84–124 €

Drei Mohren

Das beste Haus am Platz, wie man so schön sagt. Das „Drei Mohren" gehört zur Steigenberger-Gruppe. Laut einer Legende verdankt es seinen Namen vier dunkelhäutigen Mönchen, die im Winter 1495 durch Augsburg reisten. Nachdem einer von ihnen auf dem Hochfeld ums Leben kam, beschlossen die anderen umzukehren und in Augsburg zu überwintern. Der Wirt Minner nahm sie auf und ließ vor ihrer Abreise ein Bild seiner Gäste malen. Später entstand auf dem Grundstück ein feudaler Gasthof mit einer noch feudaleren Gästeliste: Goethe, Mozart, Casanova, Zar Nikolaus, Napoleon und viele mehr haben hier gewohnt. Heute ist das Drei Mohren ein exklusives Hotel in bester Lage – direkt an Augsburgs Prachtmeile, der Maximilianstraße, gelegen.

➲ http://de.steigenberger.com/Augsburg
Maximilianstr. 40, DZ 100–500 €

Dorint im Hotelturm

Die Augsburger nennen ihn Maiskolben, zu sehen ist er schon von der Autobahn: der Hotelturm. Hier befindet sich das Dorint Hotel, das auch gemeinsam mit dem benachbarten Kongress am Park Tagungen anbietet. Kinderfreundlich, Tiefgarage vorhanden.

➲ http://hotel-augsburg.dorint.com
Imhofstraße 12 , DZ 94–280 €

Altstadthotel

In einer Nebenstraße der Maximilianstraße gelegenes Hotel in einem alten Patrizierhaus.

➲ www.altstadthotelaugsburg.de
Kapuzinergasse 6, DZ 99–119 €

Hotelturm im Wittelsbacher Park

Rikscha-Fahrten führen auf drei Routen durch die Fuggerstadt.

Auf Tour

Tourist-Info und Führungen

Wer Augsburg erkunden möchte, steuert am besten zunächst die Tourist-Information am Rathausplatz an. Sie ist zentraler Anlaufpunkt und bietet alles, was man für einen gelungenen Aufenthalt benötigt: Flyer und Stadtpläne, Tipps für Unterkunft und Ausflüge sowie verschiedene Themenführungen durch die alte Fuggerstadt. Egal ob zu Fuß oder mobil, für Kinder oder Erwachsene, für Brechtfans oder Wasserfreunde, mit Anmeldung oder ganz spontan – hier gibt es für jeden das Richtige. Für alle, die sich selbstständig auf Tour begeben wollen, steht auf der Website ein kostenloser Audioguide zum Download bereit.

April – Oktober Mo – Fr 8:30 – 17:30 Uhr, Sa 10 – 17 Uhr, So 10 – 15 Uhr
November – März: Mo – Fr 9 – 17 Uhr, Sa 10 – 17 Uhr, So 10 – 15 Uhr
www.augsburg-tourismus.de

Auf den Spuren der Fugger

Klassische zweistündige Führung, ohne Anmeldung. Treffpunkt und Tickets: Tourist-Info, Rathausplatz

April – Okt.: tägl. 11 Uhr (Deutsch) und 14 Uhr (Deutsch + Englisch), Nov. – März: Sa/So 11 (Deutsch) und 14 Uhr (Deutsch + Englisch)

Schauspielerführungen

Mit Brecht seine Heimatstadt erkunden oder Casanova durchs barocke Augsburg folgen? Die Schauspielerführungen der Regio Augsburg machen es möglich. Als Promis stehen u.a. Luther, Kaiser Augustus, Mozart oder Jakob Fugger höchstpersönlich bereit. Nur mit Anmeldung.

Termine über Tel. 0821/50207-24
www.augsburg-tourismus.de

Busrundfahrt

Mit dem Bus zwei Stunden durch Augsburgs Geschichte. Mit Rathaus und Goldenem Saal, Kurhaustheater, Fuggerei, Schaezlerpalais. Auf Deutsch oder Englisch.

April – Nov., Fr 15 Uhr, Sa/So 10:30 Uhr; auch einige Termine im Advent
Omnibus Demmelmair
www.demmelmair-bus-reisen.de
Tel. 08 21/2 62 88 80

Mit dem Taxi

Einstündige Stadtführung mit Taxifahrern, die gleichzeitig auch geprüfte Gästeführer sind und so manche Anekdote beisteuern. Es gibt auch Themenfahrten für Mozartfreunde sowie das Fußball-Fan-Taxi rund um Fußball und den FCA.

Buchung Tel. 08 21/5 02 07 33
(Preis: 29,– € pro Taxi, max. 4 Fahrgäste)

Rikscha-Fahrten

Auf drei verschiedenen Touren durch Augsburg: Klassische Rundfahrt, Thementour Wasser oder eine Picknicktour im Siebentischwald. Auch E-Bike-Touren sind möglich!

Weitere Infos und Buchung unter:
Tel.: 01 76/63 00 42 71
www.bio-taxi-augsburg.de

Sightrunning in Augsburg

Im Laufschritt Augsburgs Sehenswürdigkeiten entdecken.

www.laufkulttour.de

Erlebnis Segway

Drei Stunden auf dem Segway quer durch Augsburg. „Classic Tour" zu den bekannten Sehenswürdigkeiten oder „Wasser Tour".

Termine über Tel. 0821/ 50 87 35 06
www.seg-tour-augsburg.de

Historische Straßenbahn

Ca. einstündige Rundfahrt mit der historischen Straßenbahn der SWA.

Termine über Tel. 0821/65 00 58 88
www.swa.de

Sonderführungen

Für Familien oder zu bestimmten Themen, wie Augsburger Sagen, Hexen oder Handwerk. Auf keinen Fall verpassen: die öffentliche Begehung der Wassertürme am Roten Tor – einzigartig!

Termine über Tel. 0821/50207-24
www.augsburg-tourismus.de

Anfang April gibt es bei „Augsburg open" die unterschiedlichsten Führungen in der ganzen Stadt!
www.cia-augsburg.de

Eine Lauschtour führt zu den wichtigsten Plätzen der Wasserstadt Augsburg.

Lesen und Lauschen

Lauschtouren

„WasSerleben in Augsburg – die heimliche Hauptstadt der Brunnen, Kanäle und Kraftwerke“
Die Augsburger Wasserwirtschaft und Wasserkunst sind einzigartig und sollen UNESCO-Welterbe werden. Warum die Chancen dafür gut stehen, erleben Sie auf dieser Lauschtour. Einfach die App herunterladen und loslauschen – kostenlos erhältlich für iOS und Android unter dem Stichwort „Bayerisch-Schwaben-Lauschtour“

➲ weitere Lauschtouren im Umland:
„Ludwig Ganghofer in Welden – der vergessene Bestsellerautor“
„Friedberg – weißes Gold, tickende Uhren und singende Nachtwächter“

WLAN

Die Stadt Augsburg bietet freies WLAN auf Rathaus- und Königsplatz sowie in vielen Bussen und Bahnen (Nutzungsbedingungen bestätigen, ohne persönliche Registrierung), diverse Hotspots gibt es außerdem in Cafés, Bars und Hotels (www.hotspot-locations.de).

Sagenhaftes Augsburg – Geschichten einer Stadt

Ein historischer Spaziergang durch das sagenumwobene Augsburg, neu und spannend erzählt vom Erfolgsautor Peter Dempf.

Augsburg – Neue Bilder einer Stadt

24 Fotografen werfen einen Blick auf ihre Stadt und entdecken dabei neben den Highlights aus Römerzeit und Renaissance auch viele eher unbekannte, nicht minder reizvolle Winkel.

Historismus in Augsburg

400 aktuelle Fotos erwecken die Zeit zwischen Rokoko und Jugendstil zum Leben. Eine Übersichtskarte lädt zu eigenen Erkundungen ein.

Die Fugger in ihrer Zeit

Einer der Klassiker unter den Augsburger Geschichtsbüchern von einem der namhaftesten Autoren historischer Biographien – der perfekte Einstieg in die Welt der Fugger.

außerdem lesenswert: *Das Bronzeportal des Augsburger Doms* enthüllt das Rätsel um die Platten der alten Domtür | von Kindheitserinnerungen in der Fuggerei erzählt *Barfuss durch die Finstere Gass* | für Naturliebhaber ein echter Augenschmaus: *Natur in Augsburg* sowie *Königsbrunner und Kissinger Heide*

Anreise und Parken

Umweltzone

Im Innenstadtbereich zwischen Rosenaustraße im Westen, Dieselstraße und Berliner Allee im Norden, Jakoberwallstraße im Osten und der Schertlinstraße im Süden liegt eine Umweltzone, die nur von PKWs mit grüner oder gelber Plakette befahren werden darf.

Parken

Auf die Innenstadt verteilen sich 18 Parkhäuser. Auch in den Straßen darf geparkt werden, allerdings kostet das Zeit und Nerven, da die Regelungen höchst unterschiedlich sind: In einigen Straßen dürfen ausschließlich Anwohner parken, in anderen Straßen sind einige Stunden kostenlos, in wieder anderen muss immer ein Parkschein gelöst werden. Auf jeden Fall sollte man die Schilder beachten. Die besten Parktipps:

- Den ganzen Tag: von 7–20 Uhr für maximal 6 € im Contipark in Halder- und Ludwigstraße.
- Besonders günstig: Zwischen 6:30 und 24 Uhr in der City-Galerie. Erste und zweite Stunde kosten je 60 Cent, die dritte Stunde 80 Cent und alle weiteren je 1 €.
- Ausgehen: Von 19 bis 24 Uhr für maximal 4 € im Parkhaus an der Schaezlerstraße.
- Am Bahnhof: direkt gegenüber auf dem Sparda-Parkplatz für 50 Cent je 20 Minuten. Bequeme Zahlung mit EC-Karte.
- Handyparken: Minutengenaue Abrechnung an Parkuhren, Registrierung unter www.augsburg-parken.de.

Alle Parkhäuser im Überblick: www.innenstadt-augsburg.de

Park-and-Ride – stressfrei in die City

Sieben Park-and-Ride-Plätze stehen kostenlos und so lange wie nötig bereit. Von dort fährt man in 10–20 Minuten bequem mit Bus oder Tram in die Innenstadt (besonders schnell geht's vom P&R-Platz am Plärrergelände: Die Tramlinie 4 braucht nur sechs Minuten bis zum Königsplatz).

Eine Übersicht über kostenlose Parkplätze gibt es auf www.gratisparken.de/bayern/augsburg

Augsburg ist gut vernetzt: Wichtige Verbindungen sind die A8 nach Stuttgart und München, die B10 und B300 nach Ulm und Ingolstadt sowie die B2 und die B17 Richtung Nürnberg, Garmisch und Landsberg. Im Zwei-Stunden-Takt verkehren außerdem Schnellzüge nach Frankfurt, Berlin, Hamburg, Stuttgart oder Dortmund.

Der neu eröffnete Königsplatz

Nahverkehr

Unterwegs mit dem AVV

Busse, Straßenbahnen und Regionalzüge gehören alle zum AVV (Augsburger Verkehrsverbund). Sie sind gut aufeinander abgestimmt und für alle gilt ein einheitlicher Tarif.
Vor allem in der Innenstadt kann man das Auto daher getrost stehen lassen und sich Parkkosten und viele Baustellen ersparen. Die Tramlinien fahren im 5-Minuten-Takt zu allen wichtigen Sehenswürdigkeiten. Für Ausflüge ins Umland steht ein dichtes Netz an Regionalbussen und -zügen bereit. Wer mit dem Bayern-Ticket der Deutschen Bahn nach Augsburg kommt, kann mit diesem auch den städtischen Nahverkehr nutzen.

Zentraler Dreh- und Angelpunkt ist der Ende 2013 nach mehrjähriger Umbauphase neu eröffnete Königsplatz. Hier halten alle

Tarife	Zone 10	Zone 10 + 20
Einzelfahrschein Erwachsener	1,35 €	2,70 €
Einzelfahrschein Kind	0,85 €	1,70 €
Streifenkarte mit 9 Streifen	10,30 €	10,30 €
Streifenkarte Kinder (bis 14 Jahre, unter 6 frei)	6,60 €	6,60 €
Tageskarte Single	6,10 €	6,10 €
Tageskarte Familien (ein Erwachsener, bis zu 6 Kinder)	7,90 €	7,90 €
Hotelticket (für einen Übernachtungsgast zwei Tage lang beliebig oft nutzbar)	7,10 €	7,10 €

Die genauen Tarifzonen finden Sie unter www.avv-augsburg.de/linien-plaene/tarifzonen, Innenstadtbereich = Zone 10

Busse und Straßenbahnen und ein Kundenzentrum gibt Auskunft zu Tarifen und Verkehrsnetz. Ein zweiter Knotenpunkt soll der Hauptbahnhof werden. Geplant ist ein barrierefreier Zugang über einen Tunnel, der die Wege zwischen Bahn- und Nahverkehr verkürzt – der zweite große Baustein im Projekt Augsburg City (www.projekt-augsburg-city.de), das verschiedene Baumaßnahmen in Fußgängerzone, Königsplatz und Hauptbahnhof vernetzt.

Mit der kostenlosen AVV Fahrplan-App wissen Sie auch unterwegs immer, wo's langgeht: Einfach die nächstgelegene Haltestelle anzeigen lassen oder bequem die gewünschte Verbindung abfragen!

Park-and-Ride-Platz Augsburg Nord

Fernbus

Gut und günstig

Für kurze Strecken sind Fernbusse oft eine gute Alternative zur Bahn. Sie fahren am Park-and-Ride Platz Augsburg Nord ab (erreichbar mit der Tram-Linie 4, ca. 15 min bis zum Königsplatz). Nachdem der Fernbusverkehr 2013 liberalisiert wurde, versuchten zunächst viele, auch kleinere Anbieter ihr Glück, doch heute konzentriert sich der Markt wieder auf wenige große Anbieter, die alle Halt in Augsburg machen:

- www.flixbus.de
- www.postbus.de
- www.eurolines.de

Das Streckennetz ist inzwischen gut erschlossen und umfasst eine Vielzahl von Städten in Deutschland und Europa. Alle Angebote lassen sich auch auf www.busliniensuche.de oder auf www.fernbus.de vergleichen.

Per Drahtesel die Stadt erkunden: hier die Wallanlagen am Roten Tor (S. 88).

Fahrradverleih

Flexibel unterwegs

An 30 Stationen stehen über 150 Fahrräder des Anbieters nextbike zur Ausleihe bereit. Standorte sind u. a. Königsplatz, Hbf, Karolinenstraße (nahe dem Rathaus), City-Galerie, Ernst-Reuter-Platz (bei Bibliothek und Stadtmarkt), Rotes Tor, Fachhochschule, Zoo/Botanischer Garten, B&B Hotel (Haunstetter Straße) und Uni.

Der Verleih funktioniert rund um die Uhr über Anruf bei der Hotline (030/69 20 50 46), über App oder direkt am Terminal. Einfach Fahrradkennzeichen angeben und mit dem mitgeteilten Code das Zahlenschloss öffnen. Die Rückgabe ist nur an nextbike-Stationen möglich.

Die nextbike-Räder kosten 1 € pro Stunde. Man muss sich einmalig registrieren, kann aber dafür bis zu vier Räder ausleihen!

Papier schöpfen im Mühlenmuseum Thierhaupten

Ziele im Umland

die man auf keinen Fall verpassen sollte

Klettergarten Scherneck

Mehr als 90 spannende Übungen warten hier auf Kletterkünstler in den hohen, alten Lindenbäumen. Neun Parcoursrouten, farblich nach Schwierigkeitsstufen markiert. Schöner Biergarten bei Schloss Scherneck.

Scherneck 2b, Rehling
April – Okt. Di – Fr 9 – 18 Uhr
www.kletterwald-scherneck.de

Friedberg

Direkt an Augsburg schließt sich die Stadt Friedberg an, die mit romantischer Altstadt, Schloss und Stadtmauer zum Bummeln einlädt. Fest im Kalender einplanen sollte man den Weihnachtsmarkt um St. Jakob und alle drei Jahre das historische Altstadtfest „Friedberger Zeit"

www.friedberg.de
www.friedberger-zeit.de

Mühlenmuseum Thierhaupten

Stampfen und pressen, sägen und schleifen, pumpen und natürlich mahlen – wer glaubt, dass Mühlen nur dazu dienten, Getreide zu Mehl zu verarbeiten, wird im Thierhauptener Museum eines Besseren belehrt – und kann z.B. selbst Papier schöpfen!

Franzengasse 21, Thierhaupten
Mai–Okt. Di+Do 9–12 Uhr, Mi+Fr/So+Fei 14–17 Uhr
www.klostermuehlenmuseum.de

Western-City Dasing

Fred Rais Erlebnispark bietet Pferde, Shows und Musik und ist von Juli bis September Schauplatz der Süddeutschen Karl-May-Festspiele. Zwischen den Shows haben große und kleine Cowboys Gelegenheit, sich in verschiedenen Westerndisziplinen zu versuchen.

Neulwirth 3, Dasing
Di – So 10 – 18 Uhr
www.western-city.de

Anhauser Tal im Naturpark

Das Anhauser Tal ist eines der beliebtesten Ausflugsgebiete in Augsburgs grünem Westen, dem Naturpark Westliche Wälder. Schöne Wanderstrecken, z. B. von der Waldgaststätte Burgwalden zum Kloster Oberschönenfeld.

Anhauserstr. 3, Bobingen (Ortsteil Burgwalden), www.burgwalden.de
www.naturpark-augsburg.de

Kloster Oberschönenfeld

Mitten im idyllischen Schwarzachtal liegt die älteste bestehende Zisterzienserinnenabtei Deutschlands. Die alte Klosteranlage ist heute mit Schwäbischem Volkskundemuseum, Staudenhaus, Naturpark-Haus, Kinderspielplatz und gemütlichem Biergarten ein Hort schwäbisch-ländlicher Kultur und ein perfektes Ausflugsziel. Unbedingt probieren: das Holzofenbrot aus dem Klosterladen!

Oberschönenfeld, Gessertshausen
www.abtei-oberschoenenfeld.de
www.schwaebisches-volkskunde-museum.de

Legoland Deutschland

Gut 50 km von Augsburg entfernt liegt das einzige Legoland Deutschlands – mit rasanten Achterbahnen, lustigen Live-Shows und faszinierenden Modellen ein tolles Familienziel. Neben dem Miniland warten sieben weitere Abenteuerwelten, in denen jeder einmal Pirat, Ritter oder Rennfahrer sein kann.

Nur gut 50 km von entfernt: das einzige Legoland in Deutschland

Legoland-Allee, Günzburg
April – Okt. tägl. 10 – 18 Uhr, an Wochenenden und in Ferien länger
www.legoland.de

Therme Bad Wörishofen

Sauna- und Thermenparadies unter Palmen mit Einkaufsmöglichkeiten in der „Galeria" und Restaurant. Zutritt ist bis auf samstags erst ab 16 Jahren erlaubt.

Thermenallee 1, Bad Wörishofen
Mo – Do 10 – 22 Uhr, Fr bis 23 Uhr, So 9 – 22 Uhr
www.therme-badwoerishofen.de

Register

Bilder sind *kursiv* markiert, wichtige Seiten bei mehreren Nennungen **fett**

Bildnachweis

Bilder der Seiten 76f, 115, 120, 124, 129f, 132, 136, 140, 142f, 146–149, 151, 153, 157, 160, 162, 166, 171, 173 stammen vom jeweiligen Unternehmen, wenn nicht anders angegeben.

Birkhofer, Adalbert 138
Blind, Jürgen 10, 45
Bleier, Christina 3, 16, 37, 95, 117
Bögl, Peter Titel, 22, 81, 84
Christl, Sigrid 150
Gillessen, Dieter 31, 64, 72, 96
Gniechwitz, Hartmut 51
Hosemann, Thomas 101
Kaya, Alexander 67, 123
Liesz, Norbert Titel, 55, 85, 89, 93, 97, 101, 118, 122, 159
Lipa, Klaus 60f
Mascha, Günter Titel, 68
Merk, Marcus 105
Neue Szene 133f, 141
sm 112
Plössel, Ruth 148f
Pfeuffer, Eberhard 102f, 108, 169
Prem, Angelika Titel, 4f, 14, 19, 21, 26, 28f, 32–34, 39, 40f, 43f, 46, 50f, 53, 56, 58f, 62f, 74, 78f, 82, 86–88, 90–92, 94, 98, 100, 104, 106f, 109, 121, 135, 139, 152, 156, 170
Renz, Werner 7
Ritt, Walter 111
Schnell, Roland Titel, 66
Schölzel, Nick 119
Schubert, Beatrice Titel, 2, 4f, 27, 38f, 47, 65, 110, 114, 144, 154
Steffan, Norbert 168
Wißner, Bernd 3, 6, 8, 13, 20, 26, 35, 40, 48, 52, 54, 57, 59, 69–71, 127
Wyszengrad, Silvio Titel, 25, 75, 126

Zum Weiterlesen:

Stadt, Regio und Altstadtverein
www.augsburg.de
www.augsburg-tourismus.de
www.altstadt-augsburg.de

Zeitungen und Zeitschriften
www.augsburger-allgemeine.de
www.daz-augsburg.de
www.neue-szene.de

Zum Nachschlagen
www.augsburgwiki.de
www.stadtlexikon-augsburg.de

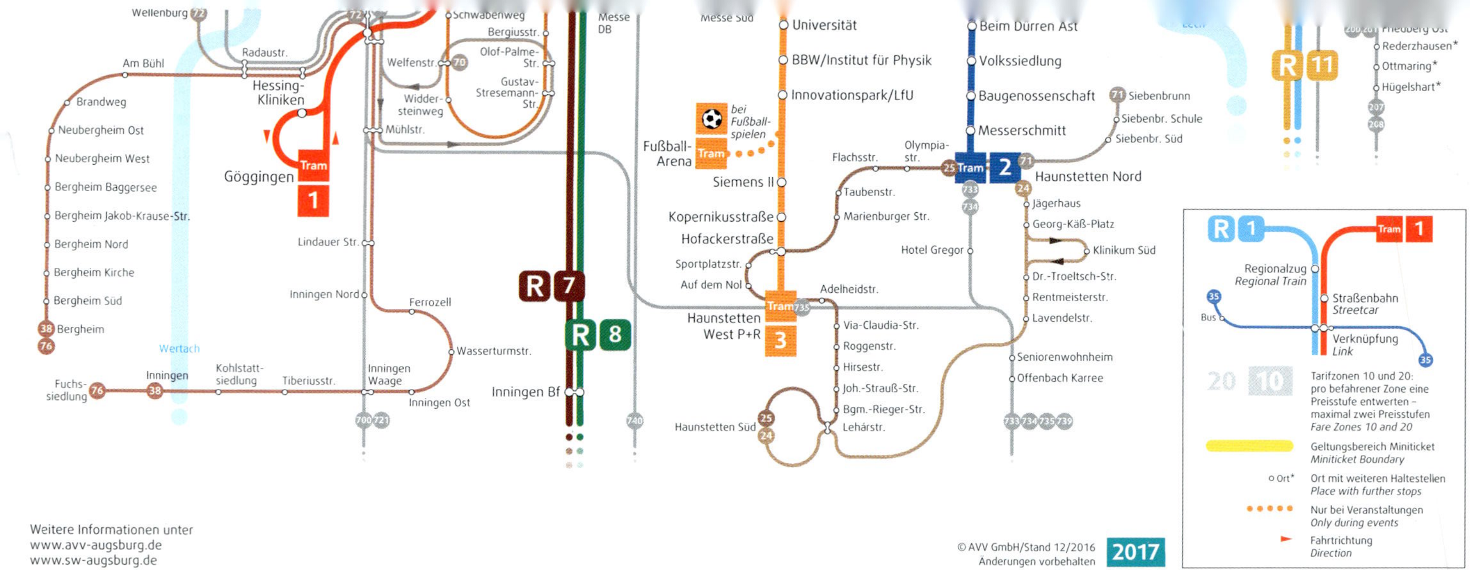

Weitere Informationen unter
www.avv-augsburg.de
www.sw-augsburg.de

2017

Mit der kostenlosen AVV Fahrplan-App wissen Sie auch unterwegs immer, wo's langgeht: Einfach die nächstgelegene Haltestelle anzeigen lassen oder bequem die gewünschte Verbindung abfragen – und den passenden Fahrschein direkt als Handyticket kaufen!

Preise und alles Wissenswerte über den Augsburger Nahverkehr finden Sie auf S. 166!